kailash

Stefanos Xenakis

Das Geschenk

Geschichten über die Schönheit
des Lebens

Aus dem Griechischen
von Susanne Lötscher

kailash

Die griechische Originalausgabe erschien 2018 unter dem Titel
»Το Δώρο (The Gift)« bei Key Books, Athen.

Penguin Random House Verlagsgruppe FSC® N001967

1. Auflage
Deutsche Erstausgabe
© 2021 der deutschsprachigen Ausgabe
Kailash Verlag, München
in der Penguin Random House Verlagsgruppe GmbH,
Neumarkter Str. 28, 81673 München
© 2018 by Stefanos Xenakis – Key Books. All rights reserved.
Lektorat: Daniela Weise
Satz: Satzwerk Huber, Germering
Umschlaggestaltung: Daniela Hofner,
ki 36 Editorial Design, München
Autorenfoto: Maria Michalinos
Druck und Bindung: Print Consult GmbH, München
Printed in the Czech Republic
ISBN 978-3-424-63218-7
www.kailash-verlag.de

Besuchen Sie den Kailash Verlag im Netz

Inhalt

Einleitung 12

Lili 16
Das Komboloi 19
Ehre deine Eltern 21
Die Goldmünzen 23
Dein Grundstück 26
Starte mit Schwung in den Tag 29
»Kaugummi?« 32
Deine Ziele sind dein Leben 35
Cruella de Vil 38
Wurzeln 41
Vielleicht ist ja doch alles in Ordnung? 44
Humor 48
Du kannst nicht von allen geliebt werden 51
Wasserrinnen 54
Wie viel kostet eine Flasche Wasser? 56
Weniger ist mehr 59
Die Kontrolllampe 61
Deine Angelegenheit 64

Sieh die Schönheit 67

15 Stunden in Veria 70

Der Elektriker 73

»Gehen Sie zu Kostas« 76

Auch das geht vorüber 78

Die Fliege und die Biene 81

Der Bettler 84

Warum? 87

Die Paradiesstraße 90

Mach den Fernseher aus 94

Wer bist du? 97

Das Wunderjournal 100

Ein Wochenende auf dem heiligen Berg Athos 103

Die Maiskolben 107

Die Yogalehrerin 110

Was sind fünfzig Euro wert? 113

Ein nettes Wort 115

Bring dem Geld Wertschätzung entgegen 118

Das Geschenk 121

Ausflug ins Leben 124

Die Wasserflasche 127

»Ich wünsche Ihnen eine gute Woche!« 130

Hat das Leben Regeln? 133

Der Fünf-Euro-Schein 141

Die Säge 143

Gräfin Koks 146

Die Toilettenspülung 148

Der Geburtstag 151

Ein »echter« Grieche 154

Die Hand Gottes 157

Du sollst antworten, nicht reagieren 160

Der Superpapa 162

Die Muttergottes sei mit dir 165

Das Lokal 168

Von Hunden und Flöhen 171

Die Kunst des Lebens 174

Der Störenfried 181

Emma 184

Die Gleichung 187

Warum manche Menschen Erfolg haben 190

Glücksgefühl 193

Mein waghalsiges Abenteuer 196

»Ich liebe dich« 199

Schrecklich gern! 202

Oseola McCarty 205

Makkaroni-Rezept 208

Da kann man nichts machen 211

Nick 214

Ach, mein liebes Griechenland 217

Fang den Ball 220

Sprudelwasser 223

Mach die Fenster zu! 226

Herr Johannidis 229

Tu dir selbst etwas Gutes 232

Mobbing 235

Lass die Tür deines Herzens offen 238

Der Dieb 241

Die Bademeisterin 243

Der Drummer 245

Sprich mit dir 248

Der Pakistaner 251

Die griechische Seele 254

Dein Mist 257

Freude 260

Liebe 263

Highscore 266

»Bezahlen sie dir überhaupt etwas?« 272

Sei pünktlich 276

Außergewöhnliche Menschen 279

Der Nachtfalter 282

Die Autowerkstatt 285

Gib niemals auf 288

Die Extrameile 292

Teile mit anderen 295

Verzettle dich nicht 298

Schiffbruch 301

Morgens in Vouliagmeni 304

Die magische Brille 307

Ihr seid zu zweit 310

Der Anruf 314

Nimm's leicht 317

Commitment 321

Unrecht haben 324

Nur Liebe 327

Ich widme dieses Buch meinem großen Lehrer Antonis und Thanassis, der mich zu Antonis gebracht hat

Einleitung

Es muss in der fünften Klasse Grundschule gewesen sein, aber mir kommt es so vor, als wäre es gestern gewesen. In meinem Physiklehrbuch stand, dass die meisten Menschen zwar sehen, die allerwenigsten aber beobachten können. Damals verstand ich nicht, was damit gemeint war.

Irgendwann später wurde es mir klar. Auch ich lernte, zu beobachten und mit den Augen – vor allem aber mit meiner Seele – zu »fotografieren«. Dinge, die wir normalerweise trivial finden: einen Sonnenuntergang, eine Blume, ein Lächeln, eine Geste. Ich lernte, die Schönheit in allem zu sehen, sogar in hässlichen Dingen.

Ich lernte, die Schönheit mit anderen zu teilen – und auch mein Leben zu teilen, es mit dem Leben anderer Menschen zu verbinden und mit ihnen eins zu werden. So wie die Kerzenflammen in der Osterwoche zu einem Flammenmeer verschmelzen. Und da wurde mir klar, dass dies meine Lebensaufgabe war.

Später lernte ich, mutig zu sein, mich mit mir selbst und meinen Ängsten zu konfrontieren, meine Glaubenssätze zu hinterfragen und aus meiner Komfortzone auszubrechen. Täglich, stündlich, in jedem Augenblick. Um mich von meinen Fesseln zu befreien.

Sodann lernte ich, Entscheidungen zu treffen. Mir wurde klar, dass *ich* Entscheidungen treffe. Ich lernte, mit erhobenem Kopf und einem Lächeln auf dem Gesicht durchs Leben zu gehen, meine Wahrheit auszusprechen, nette Worte zu finden. Nachzudenken, bevor ich etwas sagte, und hart für meinen Traum zu arbeiten. Ich begriff, dass mir das Leben nicht geschenkt wird, sondern dass ich selbst etwas dafür tun muss. Tag für Tag, Minute für Minute.

Ein Onkel, den ich sehr mag, sagte immer: »Das Essen ist nur so lange da, wie du es im Mund hast. Kau es deshalb gut. Einmal geschluckt, ist es weg, fort.« So ist auch das Leben. Ich habe gelernt, es gut zu kauen und zu genießen, so wie das Essen meiner Mutter, dessen Duft früher das ganze Haus erfüllte. Ich lernte, nicht gedankenlos dahinzuleben, sondern mich auf das Leben einzulassen.

Ein Bauer, so heißt es in einer Geschichte, war dabei, seinen Acker umzugraben, als seine Hacke auf etwas Hartes stieß und zerbrach. Zuerst ärgerte er sich, grub dann aber weiter, um herauszufinden, was es war. Es war eine Kiste. Der Bauer öffnete sie und fand darin einen Schatz. Ich lernte also, wie der Bauer die Kisten zu öffnen, die mir das Leben schenkte, auch wenn mir die Verpackung nicht gefiel. Ich entdeckte, dass die besten Geschenke nicht schön verpackt sind und das Leben selbst ein Geschenk ist.

Schließlich lernte ich, meine Fehler zu akzeptieren, sie zu respektieren und zu lieben – und damit auch mich selbst zu lieben. Darin lag für mich der Schlüssel. Statt zu versuchen, weniger Fehler zu machen, gab ich mir die Erlaubnis, mehr Fehler zu machen. Und dann machte ich weniger.

Vor zehn Jahren begann ich mit einem Journal der Wunder. Man könnte es auch Dankbarkeitsjournal nennen.

Anfangs fiel mir nichts ein, wofür ich hätte dankbar sein können, aber dann fand ich immer mehr Dinge. Zum Schluss konnte ich nicht anders, als in allem, was ich sah und erlebte, ein Wunder zu sehen: dass ich sprechen konnte, dass ich laufen konnte, dass nach einem anstrengenden Tag ein warmes Bett auf mich wartete. Auf diese Weise verwandelte sich mein Leben und war voll schöner Dinge. Und da begriff ich, dass die Schönheit nicht in den Dingen lag, die ich sah, sondern in meinen Augen.

Das Buch in deiner Hand ist aus dem Leben heraus entstanden. Aus meinem Leben. Aus unserem Leben. Einige kurze Geschichten ohne viele Worte, aber mit viel Liebe.

Seitdem hatte ich mein Journal immer bei mir und machte immer wieder Einträge, egal, wo ich gerade war: in der Arbeit, im Zug, zu Hause. Ich füllte Zeile um Zeile mit schönen Worten, Seite um Seite mit fantastischen Wundern und mein Bücherregal mit einer Vielzahl von Journalen.

Und dann geschah plötzlich etwas Magisches. Eines Tages hörte ich auf, für mich zu schreiben, und fing an, das für die Menschen in meinem Umfeld zu tun. Ich begann, diese wunderbare Sache, die ich nicht mehr für mich behalten konnte, mit anderen zu teilen. Ich wünsche mir, dass es dich – genauso wie mich – freigiebig an der Schönheit teilhaben lässt.

Selbst wenn nur ein einziger Mensch diese Schönheit empfindet, dann hat es sich gelohnt, dieses Buch zu schreiben. Es hat sich gelohnt, dass ich hier bin.

Stefanos Xenakis

LILI

Ich war beunruhigt. Um sieben Uhr früh läutet mein Telefon normalerweise nicht. Meistens rufe ich meine Töchter an, um ihnen guten Morgen zu sagen, aber erst später. Meine ältere Tochter war dran. Sie weinte und schluchzte.

»Papa, Lili ist gestorben. Ich habe sie heute Morgen tot in ihrem Käfig gefunden.«

Lili war ihr Kaninchen.

Schluchzen.

Ich: keine Reaktion.

»Avra, Schatz, wie viele Jahre hatten wir Lili?«

»Noch nicht so lang, Papa, fünf oder sechs Jahre.«

»Hör mal, Avra … so lange leben Kaninchen nun mal«, sagte ich so dahin.

Schluchzen.

»Liebes, von dem Moment an, wo wir geboren werden, wissen wir nur eines sicher: dass wir sterben werden. Lili hat mit ihren sechs Jahren mindestens hundert Menschenjahre gelebt, hat Junge bekommen und ein glückliches Leben gehabt, hat geliebt und wurde geliebt. Nur wenige Menschen haben so ein schönes Leben gehabt wie Lili, mein Kind.«

Stille am anderen Ende.

»Wir werden alle einmal von hier fortgehen, mein Liebes. Lili hat hundert Menschenjahre gelebt. Wie viele Jahre willst du leben? Zweihundert? Dreihundert?«

Ein verhaltenes Kichern …

Jeder Anfang hat ein Ende.
Jedes Ende ist ein neuer Anfang.

Kinder sollen das Leben schon von klein auf voll mitbekommen, nicht nur oberflächlich. Also nahm ich die Schaufel meines Vaters und die Schachtel mit Lili und holte die Kinder von der Schule ab. »Was meint ihr beiden, wollen wir sie miteinander begraben?« Die Kleine antwortete sofort. Die Große schluckte und nickte schließlich. Wir fuhren zu unserem Lieblingshügel im Athener Stadtviertel Vouliagmeni, von dem aus man sehen kann, wie sich das Meer am Spätnachmittag in Gold verwandelt.

Lange suchten wir nach einer geeigneten Stelle im Erdreich. Ich grub ein Loch und nahm Lili vorsichtig aus der Schachtel. Sie war in Seidenpapier gewickelt, wie eine kleine Braut. Als ich sie hochhob und sie in ihr Grab legen wollte, kam mir meine ältere Tochter zuvor, nahm mir Lili aus der Hand, wie eine Mutter, die ihr Kind in den Arm nehmen will, entfernte vorsichtig das Papier, hob Lili dicht an ihr kleines Gesicht und gab ihr einen Abschiedskuss. Erst dann bettete sie das Kaninchen behutsam in sein Grab und gab ein paar Salatblätter dazu, damit es nicht zu hungern brauchte.

»Mach die Augen zu, liebe Lili«, sagte sie und deckte Lili mit dem Seidenpapier wie mit einer Decke zu. Die beiden legten noch ein paar Veilchen daneben, und wir füllten das Grab mit Erde auf. Zum Schluss kamen noch zwei große Steine obendrauf, damit wir uns erinnerten, wo unser geliebtes kleines Kaninchen ruhte.

Dann holten wir uns ein Eis.

»Auch das gehört zum Leben, Kinder. Es ist alles eins. Bloß teilen wir Menschen die Dinge in Gut und Schlecht ein. Regen und Sonnenschein sind eins. Leben und Tod sind eins. Liebe und Angst sind eins. Meer und Berg sind eins. Windstille und Sturm sind eins. Nach Sonnenschein kommt Gewitter, nach dem Sommer der Winter. Nach guten Zeiten kommen schlechte Zeiten. Früher gefielen mir nur die guten Dinge. Aber jetzt gefällt mir beides«, sagte ich, um ihnen die bittere Pille etwas zu versüßen.

Ich erwartete keine Antwort, doch die bestmögliche kam von meiner Jüngeren:

»Also, Papa, heißt das, dass dir jetzt das gefällt, was dir nicht gefällt?«

Das Komboloi

Er saß hinter mir. Ich hatte ihn nicht gesehen, denn der Musiker auf der Bühne hatte uns buchstäblich in seinen Bann gezogen. Gleich würde er loslegen. Und dann hörte ich es zum ersten Mal: das Komboloi. Rhythmisch und quälend, wie die Wassertropfenfolter. Diskret wandte ich mich dem etwa sechzigjährigen Mann zu, um ihm zu verstehen zu geben, dass er störte. Es war eines dieser alten Kombolois aus Bernstein. Er begriff nicht, dass ich mich gestört fühlte. Er hörte kurz auf, und ich dachte, er hätte es kapiert. Dann fing er wieder an, und ich sah ihn wieder an. Keine Reaktion.

Irgendwie war es mir peinlich, ihn anzusprechen. Mein innerer Kampf dauerte nur Sekunden, dann traf ich schnell eine Entscheidung, denn ich weiß inzwischen, dass ich nichts in mich hineinfressen soll. Wortlos lächelnd deutete ich mit einer Kopfbewegung auf das Komboloi, aber der Mann verstand mich nicht. Er wollte es mir geben, weil er wohl dachte, ich wolle damit spielen. Ich lachte herzhaft über die Großzügigkeit der Griechen. Sie sind stets bereit, Dinge mit anderen zu teilen. Diesmal erklärte ich ihm freundlich, was ich meinte. Entscheidend ist nämlich, dass man seinen Ärger im Griff hat. Sonst verwirkt man sein Recht.

Irgendwann hatte der Mann begriffen. Er lächelte freundlich und hörte sofort auf zu spielen. Und prompt sagte seine Tochter, die neben ihm stand: »Ich wollte es dir auch schon sagen, Papa.«

Das ist Mut, und Mut wird dein Leben
verändern. Vor allem, wenn auch dir
früher das Etikett des braven Kindes
anhaftete. Mach dich davon frei.

Früher habe ich meinen Mund gehalten und alles geschluckt. Damit tat ich niemandem einen Gefallen, vor allem mir selber nicht. Es ist sehr bitter, wenn du dich unbedeutend und wertlos fühlst und meinst, dass keiner dir zuhört – nicht mal du selbst. Das habe ich tief in meinem Inneren gespürt. Aber auch für den anderen ist es nicht gut. Du gibst ihm damit nämlich keine Gelegenheit, etwas zu verändern. Vergiss dabei aber nicht, freundlich mit ihm zu reden. Auch mit dir selbst. Beides geht nämlich Hand in Hand. In der Pause kamen wir mit dem Mann ins Gespräch. Wir sprachen über das Leben und seine kleinen Freuden. Er war ein freundlicher, guter Mensch, heiter und extrovertiert. Er packte mich an der Schulter, und wir lachten. Zuletzt gab er mir das Komboloi zum Spielen. »Das war ich Ihnen schuldig«, sagte er vielsagend und zwinkerte mir zu.
Ich liebe dieses Land.
Ich liebe die Menschen, die dort leben.
Man nennt sie Griechen.

Und sie haben eine große Seele.

Ehre deine Eltern

Er ist ein Freund von mir aus Thessaloniki und gut zwei Meter groß. Immer wenn er nach Athen kam, gingen wir auswärts essen. Wir gingen oft auf einen oder zwei Drinks, und der Wein brachte immer die Wahrheit zum Vorschein.

Er hatte eine entwaffnende Art, jemanden mit seinen Erzählungen zu fesseln, und fand immer die richtigen Worte, der schlaue Fuchs. An jenem Abend kam das Gespräch auf seinen Vater. Mein Freund erzählte lustige Dinge von ihm, doch auf einmal fing er zu weinen an. Erst leise, dann stärker, und am Ende schluchzte er. Ich hatte keine Ahnung, weshalb er weinte, und wusste auch nicht, wie ich reagieren sollte. Respektvoll wartete ich einen Moment und ließ ihn weinen.

»Mensch, Babbis, was ist denn los?«, fragte ich schließlich.

»Mein Vater ... ich habe ihn verloren. Er ist vor vielen Jahren plötzlich verstorben, und ich Idiot habe versäumt, ihm zu sagen, wie sehr ich ihn liebe. Erst als er nicht mehr da war, hab ich begriffen, was für ein toller Mensch er war.«

Die Welt bleibt nicht stehen,
wenn die Zeit eines Menschen um ist.

Während mein Freund redete, schaute ich ihn an und empfand seinen Schmerz mit ihm. Manches im Leben halten wir für selbstverständlich, auch unsere Eltern. Dabei sind sie es nicht. Eines schönen Tages sind sie nicht mehr da, und wir bleiben zurück mit dem, was wir ihnen schuldig geblieben sind, und mit allem, was wir ihnen sagen wollten und nie gesagt haben. Falls deine Eltern noch leben, dann geh und besuche sie. Heute.

Nimm deine Eltern in den Arm.

Habe keine Angst davor.

Und sage ihnen, wie sehr du sie liebst.

Sie haben so viel für dich getan.

Erst wenn du selbst Kinder hast, wirst du verstehen, wie viel.

Und sie haben keine Gegenleistung dafür verlangt.

Sie wollen nur, dass du sie ebenfalls liebst.

Mehr nicht.

Zeig ihnen deine Liebe.

Sie haben Fehler in bester Absicht gemacht.

Verzeihe sie ihnen.

Auch ihre Eltern haben Fehler gemacht.

Und auch du wirst bei deinen Kindern welche machen.

Und es wird ein Tag kommen – und das wünsche ich dir –, wo auch deine Kinder dich in den Arm nehmen werden.

Um dir zu verzeihen.

Liebe deine Eltern!

So wie du deine Kinder liebst.

Denn wenn es deine Eltern nicht gäbe, gäbe es deine Kinder nicht.

Dann gäbe es dich nämlich nicht.

Die
Goldmünzen

Ich lasse anderen fast immer die Vorfahrt. Das gehört zu den kleinen Dingen, die mir große Freude bereiten. Vor dem Supermarkt wollte also ein kleines Auto gerade den Parkplatz verlassen. Ich hielt an. Die Fahrerin brauchte eine, vielleicht zwei Sekunden, um zu verstehen, dass ich sie rausfahren lassen wollte. Sie war um die sechzig, gut gekleidet und hatte einen kurzen, flotten Haarschnitt. Beide Hände lagen auf dem Lenkrad. Neben ihr saß ihre Freundin. Die Fahrerin lächelte mir freundlich zu, legte den Gang ein und fuhr los. Doch das Bemerkenswerte kam erst noch: Kurz bevor sie auf die Hauptstraße einbog, sah sie mich noch einmal vielsagend an. Lächelnd wandte sie mir ihr Gesicht zu und legte alles hinein. Ihr Lächeln hätte nicht ausdrucksstärker sein können. Es war fast schon grenzwertig.

Die Dame war inzwischen weg, aber der Nachklang ihres Lächelns war wie Balsam für meine Seele, auch noch Stunden später. Mit einer solchen Intensität hatte ich nicht gerechnet.

Ein halber Tag verstrich. Irgendwann am frühen Abend stand ich in Vouliagmeni auf der rechten Fahrspur und tippte geistesabwesend etwas in mein Handy. Aus den Augenwinkeln sah ich ein Auto auf dem niedrigen Bürgersteig neben mir stehen, überlegte aber nicht weiter. Als die Ampel auf Grün schaltete, bemerkte ich, dass mich der Fahrer bittend ansah. Obwohl es sehr eng war, wollte er mit seinem kleinen Firmenlieferwagen in die Fahrbahn einbiegen, rechnete aber wohl nicht damit, dass ich ihn vorließ. Er war ein großer, fröhlicher Junge mit einem pausbäckigen Babygesicht – man hätte ihn auf seinem Klassenfoto aus der Grundschule sofort wiedererkannt. Ich ließ ihn vor. Das hatte er nicht erwartet. Ein umwerfendes, kindliches Lächeln erhellte sein Gesicht und auch meines. Er sah mich vielsagend an, so wie wir es früher in der Schule machten, wenn unser Banknachbar uns unter dem Pult die Prüfungslösungen weiterreichte, nachdem wir schon alle Hoffnung aufgegeben hatten. Ein umwerfendes Lächeln. Er winkte sogar noch aus dem Fenster, um sich zu bedanken. Ein paar Meter weiter streckte er den Kopf aus dem Fenster und nickte mir noch einmal nachdrücklich und dankbar zu, als wären gerade die Prüfungsergebnisse bekannt gegeben worden und er hätte bestanden. Da war er wieder, dieser Nachklang. Auch diesmal wurde meine Seele davon berührt, und meine Augen wurden feucht. Als würde der Nachklang beider Lächeln miteinander verschmelzen und sich zu einem einzigen großen vereinen, das sich mit Worten nicht beschreiben lässt und das man eigentlich auch nicht zu beschreiben braucht.

```
Ich genieße die kleinen
Freuden des Lebens.
Sogar unglaublich.
Als wären es Goldmünzen.
```

Ich erkenne ihren Glanz schon von Weitem, bücke mich und hebe sie auf. Eine nach der anderen. Tief in meinem Innern habe ich einen geheimen Tresor. Dort bewahre ich sie auf. Im Lauf der Jahre habe ich schon recht viele gesammelt. Jeden Tag werde ich reicher und glücklicher, und der Goldwert kümmert mich nicht.

Nur mein Gold wird immer mehr wert.

Dein Grundstück

Du hast ein Stück Land bekommen. Niemand war es dir schuldig. Du solltest dich darum kümmern, hieß es. Und jemand brachte dir die Grundlagen bei: Du solltest es pflügen, bewässern, düngen, auflockern, erneuern. Du solltest es ruhen lassen. Du solltest es lieben.

Einige hielten sich an das, was man ihnen gesagt hatte. Aber dann hörten sie auf. Sie dachten, sie wüssten schon alles, und nahmen sich nicht die Zeit, um mehr dazuzulernen.

Andere hörten nicht einmal auf das, was man ihnen gesagt hatte, sondern taten das, was sie für richtig hielten. Sie waren ungeduldig und taten das Gegenteil dessen, was man ihnen gesagt hatte. Aber so sägten sie am eigenen Ast, und ihr Stück Land verdorrte.

Wieder andere beschlossen, mehr darüber in Erfahrung zu bringen. Sie wollten es genau wissen, stellten Fragen, lasen Bücher und hörten zu. Und lernten dabei das Wichtigste: dass sie nichts wussten. Da beschlossen sie, lebenslang zu lernen. Ihr Leben veränderte sich, und sie veränderten auch das Leben anderer Menschen. Und aus ihrem Stück Land wurde ein Paradies.

Andere haderten mit dem Schicksal, weil sie kein Grundstück am Meer bekommen hatten, weil es nicht oft genug regnete oder weil jene, die mehr Erfolg hatten, die richtigen Leute kannten. Manche von ihnen versuchten es mit einem anderen System: Den Reichen sollte etwas weggenommen und den Armen gegeben werden. Statt zu beobachten, was die Reichen taten, und es ihnen nachzumachen. Das sind diejenigen, die ihren Nachbarn um seinen Wohlstand beneiden und sich wünschen, sein Stück Land möge verdorren.

Manchen ist es im Winter zu kalt, anderen im Sommer zu warm. Manchen ist es im Sommer zu warm *und* im Winter zu kalt. Manche wissen nicht, was sie wollen, und manche wollen einfach nicht wollen. Sie meinen, wenn ihnen der Januar nicht passt, bräuchten sie nur das Kalenderblatt abzureißen. Und sie verlangen von anderen, dies auch zu tun. Wehe dem, der das Kalenderblatt nicht abreißt!

Aber der Januar kommt gewiss, so wie alle Monate und alle Jahreszeiten. Es gibt eine Zeit zum Säen und eine Zeit zum Ernten, eine zum Gießen und eine zum Umtopfen. Jede Pflanze hat ihre Eigenheiten. Die eine muss man aussäen, die andere umtopfen. Die eine hat Knollen, die andere ist gepfropft. Halte dich an die Regeln und beschäftige dich mit deinem eigenen Grundstück. Wenn du dich mit dem deines Nachbarn befasst, verdorrt dein eigenes. Deine Aufgabe ist es, das zu vermehren, was du bekommen hast, damit du es besser und größer weitergeben kannst. So funktioniert das Universum. Was nicht wächst, schrumpft und geht schließlich ein. So wie beim Fahrrad: Wenn man nicht damit fährt, fällt es um. Ein guter Bauer hat gelernt, zu warten und Vertrauen zu haben. Aber er hat vor allem gelernt, wie man etwas anbaut.

Doch auch das hat er erst im Lauf der Zeit gelernt, indem er gearbeitet und Fehler gemacht hat. Hab deshalb keine Angst vor Fehlern. Deine Fehler sind deine Erfahrungen. Lerne aus ihnen. Hab eher Angst vor der Angst, Fehler zu machen. Wer Misserfolge vermeidet, vermeidet auch Erfolg. Eine Fußballmannschaft, die spielt, um kein gegnerisches Tor zu kassieren, wird am Ende verlieren. Am Anfang wirst du deine Pflanzen zu stark gießen, du wirst sie zum falschen Zeitpunkt pflanzen und vergessen, sie zurückzuschneiden. Du wirst dein Grundstück auslaugen und es nicht mehr lieben. Du wirst nörgeln. Du wirst es nicht einzäunen. Betrachte es wie eine Leiter: Für jede Sprosse, auf der du nicht stabil stehst, fällst du zwei Sprossen zurück. Wie beim Spiel »Phidaki«.

Pass einfach auf, dass deine Tage nicht träge dahinplätschern und dein Leben nicht nur dahinfließt.

Jeder Tag ist ein Geschenk.
Pack es aus. Wirf es nicht weg.

Hüte dich vor einem bequemen Leben.
Das ist der langsame, sichere Tod.
Liebe deine Probleme.
Die bringen dich weiter.
Freue dich über Entbehrungen.
Stark wird ein Baum nicht von allein.

Je stärker der Wind, desto robuster der Baum.

Starte mit Schwung in den Tag

Entweder du lebst oder du wirst gelebt. Ein bisschen schwanger gibt es nicht. Wenn der Ball übers Netz fliegt, gibt es kein Zurück. Erst recht nicht hier auf der Erde. Du kommst nicht mehr zurück. Aber auf einer Seite des Spielfelds ist Tag und auf der anderen Nacht. Auf der einen Seite stehen Klagen, Nörgeleien, Wut, Hilflosigkeit, Verzweiflung, auf der anderen Freude, Miteinander-Teilen, Selbstwertgefühl, Erfolg und Stärke. Probleme gibt es auf beiden Seiten, und sie werden dich ein Leben lang begleiten. Wenn du keine mehr hast, bist du fertig. Manche Probleme sind wie verrostete, unbenutzte 20-Kilo-Hanteln, die nach Schweiß riechen. Als kämen sie aus einem zweitklassigen Fitnessstudio. Aber es gibt auch andere, die schöne Farben haben und einen Smiley drauf – als würden sie dir zuzwinkern.

Du kannst zwar nicht dein Leben bestimmen, aber deine Gewohnheiten, und die wiederum bestimmen dein Leben. Wenn du es so weit bringen willst wie erfolgreiche Menschen, dann musst du auch das tun, was diese Menschen tun.

Der Kanadier Robin Sharma hat mich wie wenige andere Menschen beeinflusst. Von ihm hörte ich zum ersten Mal, wie wichtig es ist, morgens früh aufzustehen. Steh um fünf Uhr morgens auf, wenn alle anderen noch schlafen und du richtig energiegeladen bist. Starte mit Schwung in den Tag. Wache zusammen mit deinen Träumen, deinen Zielen, deinen Fitnessübungen auf. Wache zusammen mit dem Leben auf. Plane es Tag für Tag, als wärst du der bedeutendste Mensch der Welt. Für dich bist du das nämlich auch. Die wichtigste Botschaft ist aber die, die du dir selbst schickst. Wenn du den Kampf gegen das Bett gewonnen hast, zeigst du damit, dass du dein Leben bestimmst. Die Botschaft ist so laut, dass auch dein anderes Ich sie hört, die Couch-Potato, der Faulenzer, der Bequeme. Der findet, dass du noch ein bisschen Schlaf verdient hast, und sagt: »Was willst du denn draußen in der Eiseskälte?« Der sagt, du sollst deine Träume noch ein bisschen aufschieben, bis wir aus der Krise raus sind. Der es sich gemütlich gemacht hat und wie eine träge Katze schnurrend am Kamin sitzt. Das eine Selbst steht auf der einen Seite des Spielfelds, das andere Selbst auf der anderen. Befreie dich von diesem anderen Selbst, jenem, das deine Träume im Keim erstickt, bevor sie überhaupt Wurzeln schlagen können. Dieses Selbst stiehlt dir dein Leben, bevor es erblühen kann. Es ist ein langsamer Tod. Befreie dich davon.

Wach auf und entscheide du, in welcher Mannschaft du spielen willst.

Früh aufstehen ist der Anpfiff
für das Spiel des Lebens.

Der Anpfiff muss so laut sein,
dass die ganze Welt dich hört.

»Kaugummi?«

Zweimal im Jahr gehe ich zu ihm. Er ist mein Anwalt und hat sich auf Konkursfälle spezialisiert. Deshalb tauchen hin und wieder schräge Gestalten in seiner Kanzlei auf. Das sind nicht immer die anständigsten Typen. An jenem Tag war ich pünktlich. Makis hat immer viel zu tun, und man muss im Wartezimmer warten. So wie beim Zahnarzt. Ein Typ kam rein und setzte sich neben mich. Ich beachtete ihn nicht, sondern warf ihm nur einen flüchtigen Blick aus den Augenwinkeln zu. Kinnbart, Lächeln, freundliches Aussehen, ein netter Mensch.

Die Sekretärin fragte uns, ob wir etwas Wasser wollten. Ich sagte Nein, der andere Ja. Da überlegte ich es mir noch mal. Ich lächelte ihm zu, irgendetwas zwischen Freundlichkeit und Verlegenheit. Er erwiderte mein Lächeln, und langsam schmolz das Eis. Kurz darauf steckte er die Hand in seine Tasche und sah dann zu mir.

»Kaugummi?«

»Nein, danke«, erwiderte ich reflexartig.

Dann bat der »Zahnarzt« mich herein, und ich verlor den anderen aus den Augen.

Das Gespräch verlief gut.

Später fiel mir die Sache mit dem Kaugummi wieder ein. Sie verlieh dem Tag seine eigene Qualität, wie ein Sonnenstrahl, der sich durch die Wolkendecke schiebt.

Ist doch bedeutungslos, wirst du sagen.

```
Mit anderen Menschen etwas
teilen ist nie bedeutungslos.
Es ist immer etwas ganz
Besonderes, etwas Heiliges.
```

Teilen ist gelebte Liebe. Es hat eine heilende Wirkung, besonders für den, der etwas hergibt. Was du gibst, ist nicht so wichtig. Egal ob ein Auto oder ein Buch, die Freude ist dieselbe.

Entweder teilst du mit anderen oder nicht. Es gibt keine Grauzone. Es ist entweder Schwarz oder Weiß. Entweder kannst du Ball spielen oder nicht. Das Gute daran ist, dass du es jederzeit lernen kannst. Und wenn du lernst zu teilen, kannst du gar nicht mehr anders leben. Es wird zu einer Gewohnheit. Wie der Alkohol. Wenn man ihn dir wegnimmt, stirbst du.

Du wirst nie erfahren, wie dein Tag, deine Woche und letztlich dein Leben verlaufen wird, wenn du dieses eine Wörtchen »Danke« nicht sagst. Wenn du nicht für einen Fußgänger anhältst und einem Fremden kein Lächeln schenkst. Was die andere Person damit macht, ist ihre Angelegenheit. Bleib du bei deinen Angelegenheiten. Was du dabei gewinnst, ist magisch. Teilen wird dein Leben verändern. Du wirst schöner, fühlst dich wohler und blühst auf. Auf einmal wirst du alles haben, was du begehrt hast.

Johannes der Täufer hat gesagt: »Wer zwei Gewänder hat, der gebe dem, der keines hat.« Merk dir das. Du musst selbst etwas haben, um etwas geben zu können. Sorge dafür, dass du etwas hast. Zuerst musst du deine Autobatterie aufladen, bevor du jemand anderem Starthilfe geben kannst. Sonst kommt ihr beide nicht vom Fleck.

Sein Name war Joey Dunlop. Er kam aus Nordirland und wurde fünfmal Formel-1-Weltmeister im Motorradfahren. Alle verehrten diesen Nationalhelden – nicht wegen seiner Goldmedaillen, sondern weil er ein goldenes Herz hatte. Dieser Mensch gab seinen ganzen Besitz an arme Kinder. Er kaufte Nahrungsmittel für sie, lud diese, wenn keiner hinsah, auf seinen Anhänger und fuhr damit nach Rumänien zu den Waisenhäusern.

Mit 48 Jahren kam er bei einem Unfall ums Leben. An jenem Tag unterbrachen 50 000 Menschen das, womit sie gerade beschäftigt waren, um sich von ihm zu verabschieden. Zu seiner Beerdigung kamen 50 000 Menschen, um sich vor diesem großartigen Menschen zu verneigen und sein Leben zu preisen.

Für eine Stunde solch eines Lebens würde ich ohne Zögern hundert Jahre eines anderen, bedeutungslosen Lebens eintauschen. Schau deinen Kaugummi nicht nur an, mein Freund, sondern teile ihn.

Aus diesem Grund bist du hier.

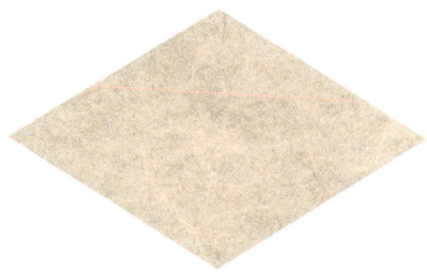

Deine Ziele sind dein Leben

Navigieren war noch nie meine Stärke. Ich verfahre mich leicht. Doch seit einiger Zeit habe ich ein GPS auf dem Handy. Bevor ich losfahre, weiß ich, wo ich hinwill. Ich kenne meinen Zielort. Wenn ich nicht weiß, *wie* ich dort hinkomme, schalte ich das GPS ein. Manchmal schalte ich es auch ein, obwohl ich den Weg kenne. Oft schlägt es mir eine bessere Strecke vor. Und auf diese Weise lerne ich etwas dazu.

Die meisten Menschen haben ihren Zielort nicht festgelegt. Sie haben keine Ziele. Viele meinen, sie hätten welche, aber sie haben keine. Ein Redner fragte die Anwesenden im Publikum, welche Ziele sie hätten. Einer stand auf und sagte, er wolle Geld verdienen. Der Redner gab ihm einen Dollar. »Und, zufrieden?« fragte er den Mann lächelnd. Dein Ziel muss ganz konkret und messbar sein, zum Beispiel »In einem Jahr wiege ich 71 Kilo«, »Einmal die Woche machen wir einen Familienausflug«, »In zwei Jahren verdiene ich 5000 Euro im Monat«, »Ich lasse jeden April einen Gesundheitscheck beim Arzt machen« und so weiter.

Im Jahr 1979 untersuchte die Harvard University in einer Studie, wie viele ihrer Studenten sich Ziele gesetzt und diese schriftlich festgehalten hatten. Wie sich herausstellte, waren es nur 3 Prozent, während 97 Prozent keine Ziele hatten oder ihre Ziele nicht aufgeschrieben hatten. Dreißig Jahre später machte man sie wieder ausfindig, um zu erfahren, was sie erreicht hatten. Nun, die 3 Prozent, die ihre Ziele auch schriftlich festgehalten hatten, hatten in finanzieller Hinsicht so viel erreicht wie die übrigen 97 Prozent zusammengenommen.

Ja, je konkreter du deine Zukunft planst, desto wahrscheinlicher ist es, dass sie so und nicht anders eintreffen wird. Ziele bringen die Zukunft in die Gegenwart, sie machen das Unsichtbare sichtbar.

Wir planen unsere Ferien besser als unser Leben. Unser Leben überlassen wir dem Zufall und leben ziellos dahin. Es kann nur den Koordinaten folgen, die wir vorher eingegeben haben. Und irgendwann ist es kurz vor zwölf, und du sagst, das Leben habe dich ungerecht behandelt. *Du* hast das Leben ungerecht behandelt und dich selbst obendrein. Unsere Ferien organisieren wir bis ins letzte Detail: bei welchem Reiseveranstalter wir buchen, mit welcher Airline wir fliegen, welches Hotel wir nehmen, welche Sehenswürdigkeiten wir besichtigen. Du behandelst dein armes Leben wie ein ungemachtes Bett. Jeden Morgen ärgerst du dich, wenn du es anschaust. Aber trotzdem machst du dein Bett nicht, und von allein macht sich dieses verflixte Bett auch nicht.

Alle erfolgreichen Menschen hatten Ziele, und zwar richtig große. Sie wollten die Welt verändern und wussten genau, was sie erreichen wollten. Und sie haben es erreicht. Gleich zu Beginn legten sie die Koordinaten fest und machten sich an die Arbeit. Ihre Vision war in ihren Köpfen und ihrer Seele so lebendig, dass sie für sie schon Wirklichkeit geworden war, lange bevor auch andere sie sahen. Denk nur an Mahatma Gandhi, Nelson Mandela, Thomas Alva Edison, Martin Luther King, Rosa Parks, John F. Kennedy, Walt Disney, Helen Keller und Steve Jobs.

Ihre Vision war ihr Kompass, ihr Leben. Lieber wären sie gestorben, als sich ihre Vision rauben zu lassen.

Helen Keller wurde einmal gefragt, wie das Leben als blinder Mensch sei. Darauf gab sie zur Antwort:

»Es gibt etwas viel Schlimmeres,
als blind zu sein,
und das ist, keine Vision zu haben.«

Cruella de Vil

Sonntagabend. Es gelingt mir, noch vor Ende der Woche schnell ein letztes Mal joggen zu gehen. Es ist acht Uhr abends, und als ich anschließend nach Hause fahre, halte ich noch kurz bei einem Café im Athener Stadtteil Glifada an, um mir eine Flasche eisgekühltes Wasser zu kaufen. Ich parke in zweiter Reihe. Der Tresen ist gut zu sehen, nur wenige Meter von meinem Auto entfernt. Zugegeben, ich habe nicht gerade gesetzeskonform geparkt, aber dafür werde ich nicht gleich lebenslänglich bekommen.

Gerade will ich aus meinem Smart aussteigen, da spüre ich, wie mich jemand mit dem Blick fixiert. Wäre ich ein Stück Metall gewesen, hätte irgendwo ein Magnet auf mich gewirkt. Ich schaue mich um. Bei dem Auto, das ich zugeparkt habe, ist das Fenster auf der Fahrerseite offen. Die Lenkerin hat die Hand am Steuer und nagelt mich mit tödlichen Blicken fest. Wie eine Tigermama, wenn ihr Junges in Gefahr ist. Aus ihren Augen spricht Wut, aus den zusammengezogenen Brauen zucken Blitze. Sie sagt etwas, aber ich kann es nicht hören. Ich meine, sie zeigt mir sogar einen Vogel. Sie ist wütend und beleidigend. Ich spüre ihren Stachel, reagiere aber nicht. Sie kann eigentlich nicht auf mich wütend sein, sondern wohl eher auf sich selbst. Ich lasse den Motor an und will den Rückwärtsgang einlegen, um sie aus der Parklücke zu befreien.

Und da geschieht das Unglaubliche: Ich bekomme den Rückwärtsgang nicht rein. Noch ein Versuch. Es geht nicht. Diese Frau hat auch mein Auto mit einem Fluch belegt. Das passiert mir mit meinem Smart zum ersten Mal. Ich bin fassungslos. Die Dame ist völlig außer sich und zeigt mir erneut den Vogel. Ihr heißer Zorn ergießt sich über alles. Sie macht ein abruptes Manöver, um rauszufahren. Ich würge den Motor ab, um dem Smart eine kurze Pause zu gönnen, und lasse ihn noch mal an. Endlich springt er wieder an. Und schon ist die Frau à la Cruella de Vil davongeprescht.

Früher hätte ich mich vielleicht mit ihr angelegt, aber heute tue ich das nicht mehr. Ich weiß, wie kostbar meine Energie ist, und hüte sie wie meinen Augapfel. Ich weiß, wie ich meine Wut im Zaum halten und toxischen Menschen aus dem Weg gehen kann. Ich weiß, dass die Wut dieser Frau nichts mit mir zu tun hat. Und egal, was ich getan hätte: Es hätte nichts genutzt, das weiß ich.

> Inzwischen weiß ich, was ich
> beeinflussen kann und was nicht.
> Bei Dingen, die ich beeinflussen
> kann, gebe ich alles.
> Aus Dingen, die ich nicht
> beeinflussen kann, halte ich
> mich raus.

Mein Vater sagte immer: »Zum einen Ohr rein, zum anderen raus.« Leichter gesagt als getan, denkst du jetzt vielleicht. Stimmt, das muss man trainieren.

Mittlerweile habe ich auch gelernt, toxischen Menschen aus dem Weg zu gehen.

Natürlich hatte mein Smart nach diesem Zwischenfall keine Probleme mehr mit dem Rückwärtsgang.

Vielleicht muss er ja auch ein bisschen trainieren, damit er lernt, wie er um toxische Menschen einen Bogen macht.

Wurzeln

Jeden Sommer fahren wir auf die Insel Chios. Das ist unser Platz, und von da kommt meine Familie. Seit meiner Geburt haben meine Eltern dafür gesorgt, dass wir regelmäßig dorthin fuhren. In unsere Heimat. So konnte ich mich in diesen Ort verlieben. Mit meinen Kindern mache ich es heute genauso.

Dieses Jahr nahmen wir noch andere Leute mit, damit auch sie diesen Ort lieben lernen. Ein, zwei Stunden, bevor das Schiff von Pier E2 im Hafen von Piräus abfährt, bildet sich eine lange Autoschlange. Hier trifft man liebe Freunde, die ebenfalls mit ihren Familien auf die Insel fahren. Wir schließen Bekanntschaft mit den Neuankömmlingen, lachen zusammen und machen Witzchen. Nächste Station ist die Schiffskabine. Meine kleinen Töchter klettern in die oberen Betten und schmieden begeistert Pläne, wo und wie sie schlafen werden, und fangen sofort an, unter den Decken Häuschen zu bauen, als würden wir tagelang in der Kabine bleiben. Dabei sind es nicht mal sechs Stunden. Dann gehen wir aufs Achterdeck und winken dem Hafen zum Abschied zu. Wir beobachten genau, was beim Ablegen passiert, und genießen es zu sehen, wie sich Piräus wie in einem Schwarzweißfilm aus den 1970er Jahren immer weiter entfernt.

Im Schiffsrestaurant fragen wir nach einem Tisch am Fenster. Die Stewards mit den schneeweißen Hemden nehmen unsere Bestellung entgegen. Ich wähle immer Reis mit Tomatensauce. Das aß mein Vater so gern, und als Kapitän wusste er Bescheid. Danach kehren wir in die Kabine zurück und erzählen uns Geschichten beim Mondschein. Die beiden wollen ihre Lieblingsgeschichten hören. Wirklich alle. Ich weiß nicht, wer sich mehr danach sehnt: sie als Zuhörerinnen oder ich als Erzähler. Sie schlafen immer mittendrin ein. Ich zwänge mich mit der Jüngeren ins obere Bett. Sie liegt innen, damit sie nicht rausfällt. So wie meine Mutter es mit mir machte, als ich sechs Jahre alt war. Um 4.30 Uhr – mitten in der Nacht – werden wir unsanft geweckt. Die Stewards klopfen an die Tür, denn wir sind gleich in Chios. Sie schalten das Licht ein, damit wir nicht wieder einschlafen. Kurz wallt Ärger auf, verfliegt aber sofort wieder. Ich stehe als Erster auf, damit ich die Mädchen rechtzeitig wecken und umarmen kann, so wie mein Vater es immer machte.

Im Dunkeln machen wir uns auf den Weg zum Hotel und kommen an den drei alten Mühlen vorbei, die rechter Hand stehen. Meine Jüngere erklärt ihrer Schwester, die fest neben ihr schläft, was die Mühlen sind. Mit Mühe unterdrücke ich ein Lachen. Ein Stück weiter steht die Statue des verschwundenen Seemanns. Hier ging meine Lieblingstante früher spazieren. Heute schlendert sie irgendwo im Paradies herum und lächelt über unsere Eigenheiten.

Wir kommen im Hotel an. Die Kleine schiebt mit einer Hand ihren Koffer und mit der anderen ihren Roller. Sie weigert sich hartnäckig, ihn im Auto zu lassen. Im Dunkeln beschreibt der Roller mit seinen fluoreszierenden Rädern Achter, wie meine Tochter. Aber nur sie begreift, wie wichtig es ist, seinen Roller nicht allein zu lassen. Nur sie ist sich über den Reichtum ihrer kindlichen Welt im Klaren.

Kurz nach fünf beziehen wir unser Zimmer. Die Mädchen haben überhaupt keine Lust zu schlafen. Hatte ich auch nicht, als ich so alt war wie sie.

Die Kleine macht den Kühlschrank auf. »Wo sind denn die Süßigkeiten?«, fragt sie ebenso verdutzt wie enttäuscht. »Wir kaufen morgen welche in der Chora«, beruhige ich sie. So, und jetzt wird wieder geschlafen. Ich erzähle noch ein paar Geschichten, und bald danach schlafen wir alle drei hundemüde ein.

Als es dämmert, fährt die Ältere wie eine Sprungfeder hoch. »Ich gehe Opa und Oma besuchen«, sagt sie. Ich bitte sie um ein Küsschen, das sie mir hastig auf die Wange drückt.

Man stelle sich vor: Wir haben gerade erst einen Fuß auf die Insel gesetzt.

```
Vom  Zauber,  Wurzeln  zu  haben.
Vom  Zauber  zu  LEBEN.
Mama,  Papa,  danke!
```

Euer Lebensrezept ist gelungen. Ich werde es an meine Kinder weitergeben in der Hoffnung, dass sie es eines Tages an ihre Kinder weitergeben.

Ich danke euch beiden sehr.

Vielleicht ist ja doch alles in Ordnung?

Ich wachte früh auf. Unter sauberen Laken in einem warmen Bett. Ich stand auf, und meine Füße trugen mich. Sie gehorchten jeder meiner Anweisungen und brachten mich ins Bad, wo ich den Wasserhahn aufdrehte und das klare Wasser genoss, das herausströmte. Ich blickte hoch und sah mich im Spiegel. Und wieder einmal erledigte er vorbildlich seine Arbeit. Wenn ich mich bewegte, dann tat es auch mein Spiegelbild. Als wären die beiden ein und derselbe. Ich stieg in die Duschkabine und schloss die Glastür. Der Geruch von Seife kroch mir in die Nase. Eine ganze Weile lang genoss ich das warme Wasser auf meiner Haut. Dieses Gefühl lässt sich nicht mit Worten beschreiben. Vor der Duschkabine wartete auf dem Heizkörper ein weiches Handtuch auf mich, in das ich mich einwickelte. Barfuß lief ich über den Teppichboden. Diesmal führten meine Füße mich ans Fenster. Dort blieb ich stehen. Draußen regnete es. Ich sah die Tropfen langsam herabrollen und zu zufälligen Mustern verschmelzen. Für kurze Zeit genoss ich das

Schauspiel. Ich suchte mir etwas zum Anziehen aus. Im Schrank hing noch andere Kleidung, aber für die hatte ich mich nicht entschieden. Ich fühlte mich wunderbar.

Dann öffnete ich den Kühlschrank. Auch dort hatte ich die große Auswahl. Ich machte mir Frühstück und presste drei saftige Orangen aus. Auch der Entsafter wirkte Wunder. Ich brauchte nur die Orangenhälften draufzudrücken. Ich genoss den süßen Saft bis zum letzten Tropfen. Dann schloss ich die Tür hinter mir, um ein paar Besorgungen zu erledigen. Diese Tür ist magisch: Sie lässt sich nur mit meinem Schlüssel öffnen. Kein anderer Schlüssel kann das. Diesmal brachten mich meine Füße direkt zu meinem Auto, keinen Zentimeter daneben. Genau dahin, wo ich hinwollte. Ja, ich besitze ein Auto ganz für mich allein, das sich ebenfalls mit nur einem einzigen Schlüssel öffnen lässt. Den steckte ich ins Zündschloss, und der Motor sprang sofort an. Ich beschloss, die Stereoanlage nicht einzuschalten. Auch hier hatte ich die Wahl.

Mittags machte ich eine Pause, ging in ein Schnellrestaurant und bestellte einen leckeren Salat. Beim Warten beobachtete ich die Menschen.

Meine Augen konnten sehen.
Es können nämlich nicht alle
Augen sehen.

Ich sah Gesichter – fröhliche und nicht so fröhliche. Ich sah Menschen, die es eilig hatten, und andere, die sich Zeit ließen. Wohin mein Blick auch fiel, sah ich Gegenstände; wohin mein Blick auch fiel, sah ich Farben. Es dauerte nicht lang, und mein Essen wurde mir appetitlich serviert: reichlich Salat mit leckeren Croutons, frischgeriebenem Käse und warmem Hühnerfleisch. Er kostete fünf Euro. Die hatte ich in der Hosentasche und bezahlte. Mit dem Handy verschickte ich ein paar SMS und informierte mich im Internet über das Weltgeschehen. Facebook erinnerte mich an den Geburtstag eines guten Freundes von mir. Ich hatte schon lange nicht mehr mit ihm gesprochen und rief ihn an. Beide freuten wir uns.

Ich lebe in einem wunderschönen, sonnigen Land. Hier herrscht Frieden. Ich weiß, dass mein Haus auch morgen noch an Ort und Stelle steht. Keine verirrte Bombe wird es dem Erdboden gleichgemacht haben. In unserem Land gibt es auch Demokratie. Ich kann sagen, was ich will, wann ich will und wo ich will. Ich kann mich auch nach zehn Uhr abends draußen aufhalten. Ich kann joggen gehen, fernsehen, spazieren gehen, lesen, den Tag verbummeln. Ich kann mich mit einem Freund treffen oder allein bleiben. Ich kann lächeln und tun, was mir gefällt. Ich bin es, der entscheidet.

Abends fuhr ich nach Hause. Wieder konnten meine Augen sehen, wieder trugen mich meine Füße, und wieder konnten meine Hände nach Dingen greifen. Ich schloss die Haustür auf. Auch jetzt erledigte der Schlüssel wieder seine Arbeit. Ohne mir das Leben schwer zu machen. Mein warmes Bett mit den sauberen Laken stand noch dort, wo ich es zurückgelassen hatte. Die Probleme meines Lebens habe ich an diesem Tag zwar nicht gelöst. Die Zweitevaluierung betreffend das Hilfspaket für Griechenland wurde gestern nicht abgeschlossen, und in der Zypernfrage ist man auch nicht weitergekommen. Aber es war ein schöner Tag.

Wetten, dass mir meine Füße auch morgen jeden Wunsch erfüllen werden?

Vielleicht ist ja doch alles in Ordnung?

Humor

Das Leben ist ein Spiel. Man verliert nur, wenn man nicht spielt. Das war einer der Lieblingssprüche meines Mentors Antonis. Er lag uns damit so lange in den Ohren, bis wir es kapiert hatten.

Ich stehe in der Warteschlange in der Bank. Hinter mir schnappe ich ein interessantes Gespräch auf und spitze die Ohren. Eine Dame um die vierzig spricht mit einem älteren Herrn. Sie erklärt ihm, wie jung ihr Vater aussieht. »Wenn andere uns zusammen sehen, meinen sie, wir sind ein Paar«, sagt sie. »Da ist er ja! Papa, komm doch mal her.«

Ein Mann um die sechzig kommt auf sie zu. Er grinst über beide Ohren. Mit seinen Bermudas, seinem Kurzarmhemd und seiner Baseball Cap sieht er aus wie ein ewiger Jüngling. Er strotzt vor Energie. Man braucht ihn nur anzuschauen und bekommt gute Laune. Sogleich schaltet er sich in das Gespräch ein. »Für wie alt halten Sie mich?«, fragt er den älteren Herrn. »Sechzig?«, mutmaßt der andere laut. »Fünfundsiebzig«, verkündet der »Jüngling« stolz und bricht in Gelächter aus.

Ich traue meinen Ohren nicht und drehe mich beeindruckt um. So etwas lasse ich mir keinesfalls entgehen. Ich überlasse meinen Platz in der Schlange den Wartenden hinter mir und fädle mich in das

Gespräch ein. Dieser Typ ist ein einziges großes Lächeln. »Ich kenne Sie von irgendwoher«, kommt er mir zuvor und fragt: »Haben wir vielleicht denselben Friseur?« Und wieder bricht er in Gelächter aus und nimmt seine Kappe ab: Er hat kein einziges Haar auf dem Kopf, so wie ich. »Kennen wir uns vom Tanzen? Gehen Sie vielleicht im Winter schwimmen?« Das macht der Typ alles! Aber vor allem vergisst er nicht, zu lachen und Witze zu machen. Über jede Kleinigkeit.

Freude ist etwas so Wichtiges. Lachen ist das Kind der Freude, aber zugleich auch ihr Vater. Wie bei der Geschichte von der Henne und dem Ei. Wenn man sich freut, lacht man, aber man lacht auch, um sich zu freuen. Hinter all dem steht der Humor. Er steht am Spielautomaten und drückt an den Knöpfen herum. Humor ist Leben. Er ist die Hoffnung, dass etwas Neues, etwas Außergewöhnliches entsteht. Mit Humor zelebrieren wir das Leben.

Menschen mit Humor sind fröhlicher. Sie bleiben länger jung und werden selten krank. Sie strahlen mehr. Sie funkeln. Wo sie hingehen, wirken sie auf andere wie ein Magnet. Als würden sie Sternenstaub versprühen. Sie lassen die Welt besser zurück, als sie sie vorgefunden haben.

```
Humor  hat  Qualität,
Finesse  und  Stil.
Alle  bedeutenden  Menschen
besaßen  Humor.
```

Winston Churchill und Lady Astor waren sich spinnefeind. Einmal sagte Lady Astor zu ihm: »Wenn Sie mein Mann wären, würde ich Ihnen Gift in den Tee schütten.«

Darauf Churchill: »Wenn Sie meine Frau wären, würde ich ihn trinken.«

Du kannst nicht von allen geliebt werden

Finde dich damit ab. Ich konnte mich lange Zeit nicht damit abfinden.

1. Dezember 1998. Ich stehe auf dem Podium und präsentiere meine neue Firma. Vor Freude schwebe ich auf Wolken. Genau auf dem Höhepunkt der Präsentation überkommt mich ein seltsames Gefühl, und eine Sekunde später bringe ich keinen Ton mehr heraus.

Wie bei einem Stromausfall: Zack, bumm, alles wird dunkel. Ich öffne und schließe mehrmals den Mund, aber es kommt nur Luft heraus. Einfach so, ganz plötzlich. Bei einem Stromausfall gehen die Lichter nach einigen Stunden wieder an, aber mein Blackout dauerte ein halbes Jahr. Ganze sechs Monate lang brachte ich kein einziges Wort heraus. Ich konnte nur noch flüstern. Keiner konnte mich hören, auch ich selbst nicht. Beinahe wäre ich durchgedreht. Psychogene Aphonie nennt man so etwas, psychisch bedingte Stimmlosigkeit. Bei den Untersuchungen stellte sich heraus, dass mit meinen Stimmbändern alles in Ordnung war. Das Problem lag wie üblich woanders: in meiner Seele.

Früher war ich der Inbegriff des braven Kindes. Es gab nur Gutes über mich zu berichten. Keiner hat jemals etwas Schlechtes über mich gesagt. Bis es doch einmal jemand tat.

Wenige Monate, bevor meine Stimme versagte, hatte mir jemand etwas vorgeworfen, das nach meinen Maßstäben richtig schlimm war. Und ich konnte ihm nicht das Gegenteil beweisen. Irgendwann ließ ich fluchend Dampf ab und dachte, mein Zorn sei damit verflogen. Aber der Vorfall nagte an mir und bekümmerte mich so sehr, dass mir später ein befreundeter Arzt sagte, dass ich einen Herzinfarkt erlitten hätte, wenn ich älter und nicht so gesund gewesen wäre.

Es fällt uns schwer, Nein zu sagen, wenn jemand uns um einen Gefallen bittet. Von klein auf sehnen wir uns nach dieser verflixten Anerkennung oder jenem honigsüßen Lächeln. Man hat uns beigebracht, brav zu sein. Immer unseren Teller leer zu essen, zu gehorchen, anderen keine Probleme zu bereiten. Kurzum: Wir sollen Theater spielen. Wenn du als Erwachsener Angst davor hast, Nein zu sagen, dann zieht ein fünfjähriges Kind hinter den Kulissen die Fäden. Dieses Kind hat Angst vor Ablehnung und will, dass alle zufrieden und glücklich sind. Und dafür zieht es noch heftiger an den Fäden.

Das Wichtigste ist aber, dass du mit dir selbst im Reinen bist, mit deinem inneren Kind, das sich auskennt. Du bist es dir schuldig, auch mal Nein zu sagen. Sonst verheddern sich deine Fäden, und du gerätst durcheinander. Aber dein JA, dein Ja zu dir selbst, das soll riesengroß sein. So groß wie die Akropolis. Es soll dein solidestes Fundament sein, auf dem alles andere ruht. Aber dazu muss der untere Teil des Fundaments fest und stark sein. Unerschütterlich. Damit er auch ein Erdbeben verkraftet.

Du kannst nicht von allen geliebt werden.

Kapier's endlich, dann verändert sich dein Leben.

Du selbst sollst dich aber mehr lieben als andere.

Erst dann wirst du andere lieben können.

Neulich hörte ich Folgendes:

»Ich werde DIR ZULIEBE
für mich sorgen,
solange du MIR ZULIEBE
für dich sorgst.«

Früher nannte man das Egoismus.

Heute heißt es Selbstachtung.

Wasserrinnen

Ein Freund von mir, der sich mit Landwirtschaft auskennt, erklärte es mir so: Zuerst gräbt man eine Rinne in den noch weichen Erdboden. Wenn zum ersten Mal Wasser hindurchfließt, wird der Boden der Rinne nass. Beim zweiten Mal gibt das Wasser der Rinne eine Form, und beim dritten Mal verfestigt es sie. Jetzt ist es, als wäre deine Rinne aus Zement. Das Wasser erkennt nun den Weg und folgt ihm blind.

Das Gehirn besteht aus Milliarden von Nervenzellen. Jedes Mal, wenn wir etwas denken oder tun, verbindet sich eine Nervenzelle mit einer anderen zu einer Kette, zu einer Bahn. Jede Nervenzelle kann sich mit tausenden anderen Nervenzellen verbinden. Doch gewöhnlich greift sie immer wieder auf dieselben zurück. Das nennt man Routine.

Wir nehmen immer denselben Weg zur Arbeit. Wir stehen immer um dieselbe Zeit auf. Wir schauen uns immer dieselben Sendungen an. Wir denken dieselben Gedanken. Wir sind immer mit denselben Menschen zusammen. Wir machen Sex immer in derselben Stellung. Wir machen immer am selben Ort Ferien. Das ist eine Tretmühle, aber kein Leben.

Die Neuronen in unserem Gehirn sind wie diese Wasserrinnen. Durch das viele Wasser, das durch sie geströmt ist, sind sie hart wie Zement geworden. Aber Fantasie will sich frei bewegen. Sie will etwas erschaffen, Dinge in Frage stellen, neue Wege gehen. Sie will ihre Fesseln sprengen. Aber wir lassen es nicht zu.

Ich gehe jeden Morgen joggen und höre mir dabei gern Audiobücher an. Jede Woche ein neues. Kürzlich beschloss ich, mir statt eines Buchs die Lieblingsmusik meiner Tochter anzuhören. Zuerst hatte ich Gewissensbisse, aber als ich sie überwunden hatte, genoss ich die Musik. Ich kam mit einer anderen Energie, in einer anderen Stimmung nach Hause und hatte andere Gedanken. Ich kam als ein anderer Mensch zurück. Ich hatte den Zement aufgebrochen. Es spielt keine Rolle, ob dein Zement gut oder schlecht ist. Wenn du für gewöhnlich joggen gehst, dann setz dich auch mal hin und ruh dich aus. Wenn du normalerweise liest, tu eine Zeit lang nichts. Wenn du Fahrrad fährst, nimm zur Abwechslung das Auto. Wenn du gern Nudeln isst, iss stattdessen Reis.

Verzichte auf das, was du gern tust. Auch wenn es nur einmal ist. Das ist keine Entbehrung, sondern eine Stärke.

Neulich erzählte ich einem Freund von einer tollen Idee. »Warum hab *ich* die nicht gehabt?«, beschwerte er sich.

Ob es an den fest gewordenen Wasserrinnen lag?

Wie viel kostet eine Flasche Wasser?

Fünfzig Cent? Moment, nicht so schnell! Im Supermarkt bekommst du sie für zwanzig Cent. Aber wenn du mitten in der Wüste bist, kurz vor dem Verdursten, würdest du dein ganzes Vermögen dafür geben.

Wir waren auf der Rückfahrt von Symi. Eine tolle Insel. Die Fähre sollte uns in anderthalb Stunden nach Rhodos bringen.

Wir gingen aufs Oberdeck, wo überall zwei Bänke mit einem Tisch dazwischen aufgestellt waren. Alles war besetzt, zumindest auf den ersten Blick. Denn bei genauem Hinsehen war, wie üblich, noch etwas frei. An einem dieser Tische saß ein junger Mann allein. »Dürfen wir uns dazusetzen?« Ja, nickte er und nahm die Tasche neben sich weg, obwohl wir uns ihm gegenüber hinsetzen wollten.

Wir lächelten verlegen, vermieden aber weiteren Blickkontakt. Aus dem Augenwinkel sah ich eine zweite Tasche neben ihm. Kurz darauf kam deren Besitzerin, seine Freundin. Sie schenkte uns ein sympathisches Lächeln. Wir lächelten zurück. Es fiel kein einziges Wort.

Kurz darauf wollten wir aufs Achterdeck gehen, um uns von der wunderschönen Insel zu verabschieden. Mit einer Geste baten wir die beiden, auf unsere Taschen aufzupassen. Sie nickten und lächelten. Immer noch kein Wort.

Das Schiff gab das Signal zum Ablegen, und wir kehrten an unseren Platz zurück. Unsere Pantomime ging weiter. Verlegenes Lächeln. Ich stand auf, um Wasser zu holen. Als der Steward mich fragte, wie viele Flaschen ich gern hätte, sagte ich »zwei« statt eine. Das rutschte mir einfach so heraus und war nicht geplant.

Ich teile eben gern. Dann ging ich zurück und stellte den beiden die von der Kälte beschlagene Flasche Wasser hin. Genau das Richtige bei der Hitze. Sie sahen mich überrascht an. Die junge Frau bedankte sich hocherfreut. Sofort war das Eis gebrochen und damit auch das Schweigen. Wir kamen ins Gespräch, redeten über Symi, unsere Ferien und andere Dinge. Alle waren glücklich.

Wir wurden nicht dicke Freunde und tauschten auch keine Telefonnummern aus. Wir schütteten einander nicht das Herz aus. Das war auch gar nicht nötig. Aber wir stellten eine Verbindung her. Wir fühlten uns richtig wohl, wie Menschen eben. Unser Lächeln verband sich. Es war wunderbar. Zum Schluss verabschiedeten wir uns mit Worten und freundlichen Gesten herzlich voneinander.

Es braucht so wenig,
um jemandem eine Freude
zu bereiten ...

Wie viel hat mich diese kleine Flasche Wasser gekostet? Einen halben Euro.

Wie viel war sie wert?
Tausende ...

Weniger ist mehr

Immer wenn ich etwas geschrieben habe, lese ich es so lange durch, bis ich auch das letzte überflüssige Wort gestrichen habe. Ein »und« weniger ist schon ein Gewinn, ja sogar ein Komma weniger. Wer hoch fliegen will, muss Ballast abwerfen. Früher versuchte ich, durch viele Worte zu beeindrucken. Ich hatte nichts begriffen und dachte, je mehr ich sagte, desto mehr sei es wert.

Je mehr du befürchtest, nichts zu wissen, desto mehr redest du. Je mehr du weißt, dass du etwas weißt, desto weniger brauchst du zu sagen. Das passiert ganz automatisch. Diese Erkenntnis war für mich ein Schock.

Die größten Redner fassten sich immer kurz und sagten nur das Wesentliche. Sie kamen sofort zum Kern der Sache, ohne Umschweife und Umwege.

In der Kürze liegt die Würze.

Jesus Christus, der größte Lehrer aller Zeiten, sagte zu seinen Schülern nur: »Kommt, folgt mir nach.« Mehr brauchte er nicht zu sagen.

Früher waren meine Schränke voll mit Kleidungsstücken. Aus irgendeinem Grund konnte ich mich nicht von ihnen trennen. Eines Tages beschloss ich auszumisten. Meine Regel war: Das, was ich ein Jahr lang nicht getragen hatte, wollte ich weggeben. Meine Schränke leerten sich. Mein Haus konnte wieder atmen. Meine Augen konnten sich ausruhen, und mir wurde leichter ums Herz.

Im Jahr 2001 bat Steve Jobs das Team von Apple, den ersten iPod so zu designen, dass der Benutzer nach nur zweimal Antippen zum gewünschten Song gelangte. Das Team fand eine Lösung, bei der man dreimal tippen musste. Steve Jobs reagierte darauf kategorisch: Er gab dem Team ein Jahr mehr Zeit und nahm dabei in Kauf, dass der Launch verschoben werden musste. Endlich gelang es ihnen. Zweimal tippen. Dieses eine Mal weniger Tippen war entscheidend und verhalf Apple zu riesigem Erfolg.

Vor ein paar Jahren war ich in meiner Lieblingsbuchhandlung auf der Suche nach einem neuen Buch. Eines fiel mir auf. Ich las nur den Titel. Mehr brauchte ich nicht zu lesen. Der Autor sagte es mit drei Worten: *Weniger ist mehr.*

Das sagt alles.

Die
Kontrolllampe

Wir hatten es eilig. Wir haben es immer eilig, wenn wir in den Allou Fun Park fahren. Wir wollen keine einzige Minute verpassen, weder die Mädchen noch ich. Sie sitzen mit ihrer Freundin auf der Rückbank und albern herum. Ich bin am Steuer und fahre schnell, aber nicht rücksichtslos. Und dann leuchtet die Kontrolllampe auf. Mist, verdammt noch mal! Nicht jetzt! Ich sehe das Lämpchen zum ersten Mal. Irgendwas ist mit dem Reifendruck. Ich versuche es zu ignorieren, aber dann sehe ich es wieder. Und es beginnt ein innerer Dialog: Morgen. Nein, heute. Morgen. Es könnte etwas Ernstes sein. Hier ist eine Tankstelle. Das Auto fährt wie von selbst zur Tankstelle. Als hätte der Tankwart die Fahrspuren vertauscht. Der Angestellte ist überaus freundlich, so wie man es sich wünscht. Ich zeige ihm das Lämpchen. »Das kriegen wir hin«, sagt er. »Wie viel Luft braucht Ihr Reifen?« »Keine Ahnung«, antworte ich, »können Sie es herausfinden?« Genau das tut er. Es zeigt sich, dass der Reifen viel zu stark aufgepumpt ist. Es ist ein Reservereifen, den ich vorige Woche montiert habe. Der Mann lässt vorsichtig etwas Luft heraus und bekommt dafür ein gutes Trinkgeld. Früher war ich geizig mit Trinkgeld. Jetzt nicht mehr. Trinkgeld geben macht vor allem mir Freude. Der junge Mann lächelt mich an. Wir lächeln beide, und weiter geht's.

Mag sein, dass wir fünf Minuten später als geplant beim Vergnügungspark waren. Aber ich genoss ihn mehr, weil mir innerlich klar war, dass ich das getan hatte, was getan werden musste. Oft tun wir nicht das, was richtig ist, sondern das, was bequem ist. Was mühelos ist. Was einfach ist.

Wir wollen uns nicht anstrengen. Deshalb führen wir auch nicht das Leben, das wir uns wünschen.

Wir ignorieren die Anzeichen, selbst wenn ein rotes Lämpchen aufleuchtet. »Ach, egal« – das ist der Spruch, der dir das Leben Stück für Stück wegfrisst. Wie ein Holzwurm. Langsam und quälend. Jeden Tag. Du hörst, wie er den Balken abnagt. »Ach, egal, warum soll ich jetzt vom Sofa aufstehen.« »Der Reifen braucht mehr Luft – ach, egal.« »Ich habe den Check-up vergessen, ach, ist doch egal.« »Schon wieder zugenommen – ach, egal.« Und derweil setzt dein Fitnessgerät Spinnweben an, und die Bücher verstauben. Der Fernseher läuft weiter, und du vermeidest schwierige Gespräche, bleibst untätig und die Jahre vergehen. Und du ärgerst dich und wirfst deinem Spiegelbild böse Blicke zu.

Am Anfang ist es ein rotes Lämpchen.

Dann ein riesiges, grelles Neonlicht.

Und dann fällt dir die ganze Lichtanlage auf den Kopf.

Wo zum Teufel ist mein Leben geblieben?

Wer hat es auf dem Gewissen?

Mein Chef?

Meine Frau?

Schau in den Spiegel.

Du selbst hast es auf dem Gewissen.

Jetzt ist es Zeit, es dir zurückzuholen.

Und auf die Anzeichen zu achten.

Und deine Komfortzone zu verlassen.

**Ein Leben in der Komfortzone bedeutet den Tod.
Einen langsamen, quälenden Tod.**

Deine
Angelegenheit

Manchmal frage ich mich, wie es uns bei unserer Lebensweise gelingt, so lange zu leben. Wir sterben nicht. Wir bringen uns selbst um, und das sehr erfolgreich.

Eines Morgens stand ich an meiner geliebten Mole in Athen-Vouliagmeni. Ich begrüßte einige Leute und bereitete mich für den Sprung ins Wasser vor. Zack! Da war das Geräusch. Mit halbem Ohr hörte ich sie. Dann sah ich sie aus den Augenwinkeln. Und schließlich kamen sie in mein Blickfeld. Ich könnte Bände über sie schreiben.

Zwei große, dürre Frauen um die siebzig, weiße Haare, die wohl mit sich selbst unzufrieden waren. So wie die beiden alten Nörgler aus der Muppetshow. Lautes Gezeter. Ich näherte mich ihnen unauffällig und lauschte.

Da schnappte ich irgendetwas auf wie:

»Ich werd's ihm sagen, sobald er rauskommt.«

»So geht das nicht weiter. Gestern hat er's auch schon getan.«

»Schau sie dir an [seine Frau], sie hat ihn nicht mal gesehen. Es ist ihr egal.«

»Wenn er ertrinkt, ist es ihre Schuld.«

»Er tut es immer wieder.«

»Und macht einen auf Jüngling.«

»Ich werd's ihm sagen, sobald er rauskommt.«

»Recht so!«

»Da, jetzt kommt er raus.«

Ich kannte die Leute, die hier schwammen, und wusste genau, über wen die beiden sprachen. Fröhlich stieg der Mann aus dem Wasser. Er war trainiert und strotzte vor Gesundheit. Das pralle Leben. Er war um die siebzig, sah aber aus wie sechzig. Er nahm seine Schwimmbrille ab. Er hatte schon gemerkt, dass die beiden ihm auflauerten.

»Wie geht's, Mädels?«, fragte er lächelnd.

»Uns geht es gut. Aber Ihnen wird es nicht gut gehen, Herr Jorgos, wenn Sie so weitermachen«, sagte eine der Frauen mit nachdrücklichem Nicken, die Hand in die Seite gestemmt.

Von da an merkte ich mir nicht mehr jedes einzelne Wort, aber das Wesentliche war: »Sie setzen die Schwimmbrille auf und schwimmen zu weit hinaus. So was tut man in Ihrem Alter nicht. Sie sind kein Kind mehr, Herr Jorgos. Was ist, wenn Ihnen etwas zustößt? Was machen Sie, wenn Ihnen schlecht wird oder Sie einen Krampf bekommen?«

Je mehr sie sich ereiferte, desto lauter lachte Jorgos zurück. Ich tauchte ab.

Zugegeben, das war ein bisschen weit hergeholt. Aber wir tun es oft: Wir mischen uns ungefragt ein. Wir kümmern uns nicht um unsere Angelegenheiten, sondern urteilen über andere, als ob sie uns darum gebeten hätten. Wir wollen, dass sie so sind wie wir. So vergeuden wir unsere Energie und schaden unserer Gesundheit. Indem wir uns aufregen, verpassen wir das Wesentliche. Wir haben nicht genug mit den eigenen Problemen, sondern laden uns auch noch die der anderen auf. Und zwar ohne deren Zustimmung.

> Es gibt Dinge, die nur mich angehen,
> Dinge, die nur dich angehen,
> und solche, die in Gottes Hand
> liegen. Wenn ich mich um deine
> Dinge kümmere, wer kümmert sich
> dann um meine?

Keiner.

Ich weiß nicht, ob ich über den folgenden Vorfall lachen oder weinen soll. Ich war damals noch klein, und es ging um zwei Freunde von mir, den kleinen Jorgos und die kleine Niki. Niki war sehr streng erzogen worden.

Jorgos kam aus dem Wasser und legte seiner Mutter zum Spaß einen Seeigel aufs Bein, aber so ungeschickt, dass ein paar Stacheln stecken blieben. Seine Mutter schrie laut auf und machte ihm eine Szene, nahm es ihm letztendlich aber nicht übel.

Niki fragte Jorgos' Mutter:

»Werden Sie ihn jetzt schlagen?«

»Aber nein, Niki, es war ja keine Absicht.«

»Kann ich ihn dann schlagen?«

Tragisch.

Und doch tun wir genau das.

Sieh das Schöne

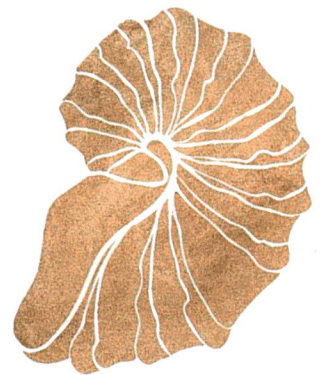

Er ist mein Cousin und ich habe ihn sehr gern. Ein Mensch mit Wertvorstellungen. Fleißig. Ein guter Familienvater. Man findet nur schwerlich etwas an ihm auszusetzen. Aber ich fand etwas.

Ein herrlicher Tag im April. Die wunderbare Frühlingssonne wärmte schon, aber es war nicht zu heiß. Wir unternahmen einen Ausflug an den Strand der Halbinsel Kavouri. Manche Menschen gingen spazieren, manche joggten, andere führten ihren Hund aus, wieder andere schoben Kinderwägen. Die einen schwammen, andere spielten Racquetball. Alle feierten das Leben. Es herrschten Harmonie und Einigkeit. So wie eine Szenerie mit Miniaturfiguren, die so unwahrscheinlich perfekt ist und wo alles so wunderbar ist, dass es eigentlich gar nicht real sein kann. Nun, an jenem Tag war es real.

Wir vier waren bestimmt schon mehr als zwei Stunden unterwegs. Überall waren wir gewesen und amüsierten uns prächtig. Das heißt: drei von uns, der vierte nicht. Rate mal, wer. Drei von uns hatten sich die ganze Zeit am Meer und seiner Schönheit ergötzt, die man eigentlich mit Worten nicht beschreiben kann. Nicht so mein Cousin. Wir schauten nach vorn, er schaute zurück, zu denen, die Tischdecken ausgebreitet hatten und ein improvisiertes Picknick machten. Wir konzentrierten uns auf das Blau des

Meeres und er auf die Fleischbällchen. Er war ungehalten. Und je ungehaltener er wurde, desto mehr verspannte er sich. Und je mehr er sich verspannte, desto öfter schaute er hin und leckte seine Wunde.

Fokus nennt man das. Entweder schenkt er dir das Leben, oder er stiehlt es dir.

```
Erfolg ist, das zu haben, was du
haben willst. Glück ist,
das zu wollen, was du hast.
Diesen zweiten Teil haben die
meisten von uns nicht begriffen.
```

Weil uns der richtige Fokus fehlt. Es ist uns nicht bewusst, was es heißt, zwei Beine und zwei Arme zu haben. Eine Stimme, um gehört zu werden, und Ohren, um zu hören. In einer Demokratie zu leben, wo wir sagen können, was uns passt.

Es gibt keine objektive Realität, nur eine subjektive. Jede hat ihre Sichtweise. Früher wurden Fotos in der Dunkelkammer entwickelt. Dort liegt der Fokus. Dort fügst du Farben hinzu oder lässt sie weg. Dort bringst du mehr Licht oder mehr Dunkelheit hinein. Dort hellst du etwas auf oder verwischst es. Du kannst deinen Fokus auch als Muskel bezeichnen. Er mag völlig untrainiert sein, aber er ist der wichtigste von allen. Er ist es, der dein Glück bestimmt. Er ist es, der dein Leben bestimmt.

Es waren einmal zwei Schuhverkäufer. Sie reisten in ein Land, wo die Menschen barfuß liefen. Einer reiste wieder ab. »Dort kauft keiner Schuhe«, sagte er. Der andere blieb. »Hier werde ich reich«, sagte er.

Und wurde reich.

15 Stunden in Veria

Sie heißt Irini. Sie ist Philologin und gehört zu den Menschen, die Entscheidungen treffen und vom Leben das fordern und sich nehmen, was sie haben wollen. Feinfühligkeit und Freundlichkeit sind zwei weitere Eigenschaften, die diesen außergewöhnlichen Menschen ausmachen.

Sie hatte mich kontaktiert und gefragt, ob ich nach Veria in Nordgriechenland kommen und den Lehrern und Eltern der Grundschüler etwas über das neue Unterrichtsfach erzählen wollte, an dessen Entwurf ich gerade arbeitete: eine neue Lebensphilosophie für Kinder und Erwachsene, die – das ist meine Vision – an griechischen Schulen gelehrt werden soll.

Kaum kam ich in den Schulhof, verschlug es mir die Sprache. Die Schule versetzte mich sofort an meine eigene Grundschule in Kallithea zurück, irgendwann in den Siebzigerjahren. Geophysikalische Wandkarten, die blau-weiße Schulkleidung des bekannten griechischen Designers Jannis Tseklenis, die kleinen Wandbrunnen auf dem Schulhof, die Verfolgungsjagden in den Korridoren, Bücher des griechischen Schulbuchverlags OEDB. Es kam mir vor, als hätte ich dies in einem früheren Leben erlebt. Doch es war in diesem Leben. Der einzige Unterschied war Lefteris, der fröhliche Schuldirektor. Der Direktor, den ich gern gehabt hätte.

Etwa fünfzig Personen hatten sich zu dieser Abendveranstaltung eingefunden, Erzieher und Eltern. Sie hätten hundert Gründe gehabt, um zu Hause zu bleiben, mit ihren Kindern zusammen zu sein, das Familienleben zu genießen, sich zu erholen und zu entspannen. Und doch hatten sie sich dazu entschlossen, das Leben von einer anderen Warte aus zu sehen, um ihren Schülern und Kindern eine bessere Zukunft zu bieten.

Zwei Stunden lang waren wir eins. Zwei Stunden lang gewährten wir einander einen Blick in unsere Seelen, bis es nur noch eine einzige Seele war. Die Zuhörer beteiligten sich, stellten Fragen, brachten Einwände vor und ließen sich inspirieren. Am Ende verließen sie die Veranstaltung mit einem Lächeln, aber auch mit Zweifeln. »Gibt es dieses Leben wirklich? Ein Leben voller Magie und Wunder? Kann das sein?«

Danach bestanden einige darauf, mich zum Abendessen einzuladen – auf ihre Kosten. Ich bestand darauf, selbst zu bezahlen. Keine Chance. Diese Menschen hatten in den letzten Jahren oft mit angesehen, wie ihr Lohn gekürzt wurde. Aber ihre Würde hatten sie sich bewahrt.

Am nächsten Morgen musste ich früh abreisen, schaffte es aber noch, in der öffentlichen Bibliothek von Veria vorbeizugehen, auf die ich schon immer stolz war. Sie ist eine der ganz wenigen Bibliotheken weltweit, die einen Preis und eine großzügige Spende von der Bill-und-Melinda-Gates-Stiftung erhalten haben. Die Bibliothek ist auch der ganze Stolz der Stadt, und sechzig Prozent der Einwohner von Veria sind Mitglieder. Es gibt dort Workshops, Bücher, Seminare, DVDs, einen Inspirationsraum, Theateraufführungen, andere Veranstaltungen, 3-D-Drucker und ein Tonstudio. Ich war total begeistert.

Als ich mit meinem Smart zurück nach Athen fuhr, dachte ich die ganze Zeit an die Lehrkräfte, die ich am Abend zuvor kennengelernt hatte, und ihre Vision, ihre Begeisterung und ihre Leidenschaft für ihre Arbeit.

Gestern hatte ich einen kleinen Teil meines Lebens in ihr Leben investiert. Und sie in meines. Und am Ende war daraus ein einziges Leben geworden. Die wertvollste Lektion für mich war die, die sie mir vermittelt hatten, und nicht die, die ich ihnen vermitteln wollte.

```
Ich bin stolz, in diesem
wunderbaren Land zu leben.
Ich bin stolz, Grieche
zu sein.
```

Der Elektriker

Er wurde mir von einem Freund empfohlen, dem ich vertraue. Jeder, den er mir bisher empfohlen hat, war top. Der Elektriker heißt Jannis. Und auch er ist top. Das wurde mir klar, sowie er mein Haus betrat. Er hätte ein Wissenschaftler sein können. Was seine Genauigkeit angeht, ist er das auch. In seinem Fachgebiet.

Er arbeitet schnell, präzise und sauber. Ich machte mich an meine Arbeit, er sich an seine. Einer von denen, denen man sagt, was sie tun sollen, und sie tun es.

»Hier muss etwas repariert werden. Soll ich es in Ordnung bringen?«, fragte er mich irgendwann.

»Ja, bring es in Ordnung, Jannis«, antwortete ich ihm, in meine Arbeit vertieft.

»Dazu muss ich es aber kaputt machen, Stefanos. Anders geht es nicht.«

»Was hast du gesagt, Jannis?«, fragte ich ihn, als würde ich gerade aufwachen.

»Dazu muss ich es kaputt machen, Stefanos. Anders geht es nicht.« Ich wurde nachdenklich: Um etwas zu reparieren, muss man etwas kaputt machen.

Meine Töchter machen das, wenn sie mit Lego spielen. Sie bauen

Burgen, Häuser, Schulgebäude. Sie entwickeln eine Bindung dazu und wollen sich nicht davon trennen. Doch dann fehlen ihnen Legosteine für neue Gebäude. Zuerst maulen sie ein bisschen, begreifen dann aber, dass sie ein altes Gebäude einreißen müssen, um ein neues zu errichten. Um etwas zu bauen, müssen sie etwas zerstören.

Das sehe ich auch im Leben. Etwas stirbt, um Platz für Neues zu machen. Es stirbt, um neu geboren zu werden. Anders geht es nicht. Das gilt für alles: Menschen, Beziehungen, Freundschaften, Unternehmen, Gebäude, Gefühle, alles …

Oft halten wir krampfhaft am Alten fest. Doch wenn es nicht weicht, kann nichts Neues kommen. Wo hätte es denn Platz? Wenn du deine alten Kleider nicht weggibst, haben die neuen keinen Platz. Wenn der Sommer nicht vergeht, gibt es keinen Herbst. Wenn dein Kopf nicht leer wird, passt nichts Neues hinein. Doch wir mögen Veränderungen nicht. Wir wollen diese Hemden nicht hergeben. Wir wollen unseren Kopf nicht leer machen. Wir wollen nicht, dass der Sommer vergeht. Wir wollen keine Veränderungen. Und dann behandeln wir unseren achtzehnjährigen Teenager wie ein Kleinkind und leiden darunter, dass uns der Freund oder die Freundin verlassen hat. Und obwohl wir das Jahr 2020 schreiben, tun wir immer noch so, als sei 2010, wo alles »besser« war. Lieber würden wir den Anker am Meeresboden entlangschleifen, als ihn zu lichten. Kein Wunder, dass wir immer wieder krank werden.

```
Leg dich nicht mit der
Realität an, denn du kannst
dabei nur verlieren.
```

Wenn du beim Autofahren nicht nach vorn, sondern in den Rückspiegel schaust, rate mal, was passiert. Vom Tag deiner Geburt an ist eines sicher: Du wirst sterben. Und wer den Tod am meisten fürchtet, ist derjenige, der nicht gelebt hat.

Deshalb fang an zu leben. Heute, nicht morgen …

»Gehen Sie zu Kostas«

Um die Mittagszeit in der Bank. Wir waren mit dem Papierkram fertig, und die freundliche Angestellte begleitete mich zur Warteschlange. »Warten Sie auf Kostas«, sagte sie. Ich hatte nichts dagegen. Es waren zwei Personen am Kassenschalter, Kostas und eine andere Dame. Während ich wartete, hatte ich Zeit, die beiden zu beobachten, und begriff sofort, warum die Angestellte mich zu Kostas geschickt hatte.

Er war ein junger Mann zwischen dreißig und vierzig und trug ein frisch gebügeltes violettes Hemd. Er hatte einen flotten, gepflegten Haarschnitt und gegeltes Haar. Seine Hornbrille passte zu seinen Augen. Kerzengerade und lächelnd saß er auf seinem Stuhl. Er arbeitete schnell und effizient und wechselte mit jedem Kunden ein paar Worte. Und mit dem einen oder anderen Witzchen ging ihm auch die Arbeit leicht von der Hand. Sein Lächeln war ihm ins Gesicht gegraben. Wie ein Tattoo. Als hätte auf seinem Hemd gestanden: »Die Antwort ist Ja. Jetzt sag mir, was du willst.« Ich beobachtete ihn weiter. Gerade war eine Dame mit ihrem etwa sechsjährigen Jungen an der Reihe. Ich wartete, ob Kostas ihn ansprechen würde. Und als ob er mich gehört hätte, fragte er: »Wie geht's, Großer?«, und gab ihm mit den Augen ein High five. Der

Knirps lächelte und schaute voller Stolz seine Mama an. Man hätte meinen können, er sei plötzlich gewachsen.

Die Kassiererin am anderen Schalter wirkte in ihrer ganzen Erscheinung bedrückt. Hätte man die beiden nebeneinandergestellt, wäre einem die Geschichte »Herr Glück und Frau Unglück« von Antonie Schneider in den Sinn gekommen, die ich früher meinen Töchtern vorlas. Sie machte ihre Arbeit gut. Aber wie soll ich sagen … Wenn du ein Magnet wärst, würde es dich zu Kostas ziehen.

Nun war ich an der Reihe. Kostas sah mich zum ersten Mal. Ich gab ihm meine Unterlagen und erklärte, was ich brauchte. Viel war nicht nötig, er kapierte es sofort. Zwei Minuten später gab er mir ein Formular und bat mich um eine Unterschrift. »Sind wir fertig?«, fragte ich ihn. »Nicht so eilig«, gab er lächelnd zurück. In den folgenden zwei Minuten reichte er mir die restlichen Formulare. »So, jetzt sind wir fertig«, sagte er mit breitem Lächeln und begrüßte dann den nächsten Kunden.

Kostas und die andere Kassiererin bekommen denselben Lohn. Sie arbeiten in derselben Bank und haben denselben Chef. Sie leben im selben Land. Aber Kostas hat einen Grund, warum er mit einem Lächeln morgens aufsteht und abends zu Bett geht.

Es ist eine Freude, mit Menschen wie Kostas zu arbeiten. Aber eine noch größere Freude ist es, Kostas zu sein.

Auch das geht vorüber

Ein enger Freund ist nicht der, den du täglich siehst. Ein enger Freund ist der, mit dem du dich bei jedem Treffen ein bisschen tiefer verbindest. So ein Freund ist Michalis.

Der Dienstagmorgen ist unser fester Termin. Um 6.45 Uhr treffen wir uns kurz vor Sonnenaufgang. Nach einem kleinen Plausch gehen wir genau 35 Minuten lang joggen. Auch unsere Zunge wird trainiert, denn wir reden die ganze Zeit. Nach fünf Minuten sind wir schon tief in der »Psychotherapie« drin. Wir feiern jeden kleinen Sieg, weil wir inzwischen wissen, dass die kleinen Dinge eigentlich groß sind. Michalis ist ein integrer Mensch, Geschäftsmann und Familienvater und nach meinen Maßstäben ziemlich streng mit sich. Sein Ausruf »Ich Idiot!« war an diesem Tag der Auslöser, um zu feiern.

Nach dem Joggen gehen wir traditionell noch schwimmen. Heute hatte Michalis es eilig, und ich ging allein schwimmen.

Ich schwamm hinaus und wendete an der üblichen Stelle, um den Anblick des Strandes zu genießen. Aus der Ferne sah ich die Hochhäuser und die Küstenlinie. Dieses Bild hat sich in den letzten zehn

Jahren, seit ich schwimmen gehe, keinen Millimeter verändert. Ich kann mich daran nicht sattsehen, auch wenn ich es schon unzählige Male gesehen habe. Manchmal im Winter, manchmal im Sommer, mal bei Regen, ja sogar bei Schnee.

Vor zehn Jahren florierte meine frühere Firma, und ich ging schwimmen, um dies zu feiern. Vor fünf Jahren bekam ich die ersten großen Schwierigkeiten und ging schwimmen, um meinen Kopf leer zu bekommen. Vor zwei Jahren war das Bild immer noch da, aber etwas fehlte: meine Firma. Als ob alles erst gestern geschehen wäre.

Die Zeit vergeht so schnell.

Das Jetzt erscheint oft wie ein weiter Ozean und manche Sorgen wie ein Tsunami.

Du meinst, es geht nie vorbei. Doch nach ein, zwei Jahren wirst du über das, was war, lächeln, egal wie schwierig es damals war. Aus irgendeinem Grund ist es geschehen und hat dir irgendeine Lektion hinterlassen.

In einer alten Geschichte bat ein König einen Weisen, seine größte Erkenntnis mit ihm zu teilen. »Ich gebe dir dafür die Hälfte meines Königreichs, wenn es sein muss«, sagte er.

Der Weise lehnte das Angebot ab, gab dem König aber ein Geschenk: einen Ring.

»Mein König, nehmt den Ring jeden Morgen aus der Schachtel und lest seine Inschrift. Legt ihn danach wieder in die Schachtel.« Der König war einverstanden. Am folgenden Morgen konnte er es kaum erwarten. Ungeduldig nahm er den Ring heraus und las die Inschrift:

»**Auch das geht vorüber.**«

Die Fliege und die Biene

Es ist schon mehr als Fünfzehn Jahre her, doch diese Geschichte werde ich nie vergessen. Ich habe sie in einem Workshop gehört und seitdem unzählige Male weitererzählt.

Der Vortragsredner holte tief Luft. Sein Gesichtsausdruck veränderte sich, als würde er uns gleich das Geheimnis des Lebens verraten. Und das tat er auch. Es sollte auch unser Geheimnis werden, das wir mit anderen teilen würden.

Die Geschichte geht so: Man befestigt eine leere Flasche so an einer Fensterscheibe, dass der Flaschenboden parallel zur Scheibe steht. Durch das Fenster kommt Licht. In die Flasche setzt man eine Biene. Die Biene ist ein »schlaues« Insekt, sagte der Erzähler und malte mit zwei Fingern Anführungszeichen in die Luft. Die Biene hat für alles Regeln, die leider unverrückbar sind. Sie weiß, dass der Ausgang da ist, wo das Licht ist. Da lässt sie sich durch nichts beirren. Sie wird immer wieder ans Licht, also zum Flaschenboden hinfliegen. Sie wird nie herauskommen und bald sterben.

Jetzt setzt man eine Fliege in die Flasche. Die Fliege ist ein »dummes« Insekt. Wieder malte er Anführungszeichen in die Luft. Aber eine Fliege kennt keine Regeln. Sie weiß, dass sie nichts weiß, und versucht deshalb, Antworten zu finden. Eine Fliege wird hoch und runter und von links nach rechts krabbeln. Irgendwann wird sie den Weg aus der Flasche finden und so am Leben bleiben. »Werdet nie zu Bienen«, sagte der Erzähler. »Macht einen Bogen um Bienen. Seid immer Fliegen. Wisst, dass ihr nichts wisst, und versucht, Antworten zu finden.«

Ich sehe Menschen, die in Kisten eingeschlossen sind. Wie in diesen alten, schweren, eisernen Geldtresoren. Sie haben auch einen Zahlencode eingegeben und sich eingeschlossen. Irgendwann vergaßen sie den Code und vergaßen auch, dass sie eingeschlossen waren, denn die Kiste war ihre Welt geworden. Du sprichst mit ihnen, und sie hören dich nicht. Du zeigst ihnen den Ausgang, und sie sehen ihn nicht. Sie sind zu Bienen geworden.

```
Das  Problem  ist  nicht  das,
was  du  nicht  weißt.
Das  Problem  ist  das,
was  du  meinst  zu  wissen.
```

Je mehr du meinst zu wissen, desto mehr sperrst du dich ein. Wie beim Bier und dem Schaum. Je mehr Schaum im Glas ist, desto weniger Bier ist drin.

Mit der Schule bist du zwar fertig, aber ausgelernt hast du nie. Lerne bis zum letzten Tag. Lass das Wissen in dich strömen und bade darin, so wie du im Licht und der Wärme der Morgensonne baden würdest. Dein Wissen soll dich mit Leben erfüllen. Lass deine Tage nicht einfach verstreichen. Lerne etwas aus ihnen. Frag nicht »Was kann ich damit verdienen?«, sondern »Was kann ich daraus lernen?«. So ein Leben ist lebenswert.

Sokrates sagte: »Ich weiß, dass ich nichts weiß.« Der größte Denker aller Zeiten war eine Fliege.

Er wusste, dass er nichts wusste.

Der Bettler

Als ich ihn zum ersten Mal auf mein Auto zukommen sah, wich ich seinem Blick aus, wie üblich in solchen Situationen. Als er sah, dass er bei mir kein Glück haben würde, ging er zum nächsten Auto. Verstohlen schaute ich in den Rückspiegel, um zu sehen, ob der andere ihm etwas gab. Dann schaltete die Ampel auf Grün.

Bei unserer nächsten Begegnung beobachtete ich ihn. Mit seiner jugendlichen Kappe, wie man sie bei einem Siebzigjährigen nie vermuten würde, seinem unrasierten Look, den leuchtenden Augen und dem fehlenden Schneidezahn gab er ein außergewöhnliches Bild ab. Ich begann ihn zu mögen. Als sich unsere Blicke trafen, war es, als könne er in meinem Gesicht lesen, dass ich ihm kein Geld geben wollte, und so ging er weiter. Er schien sich aber an mich zu erinnern.

Bei unserer dritten Begegnung hatte ich mehr Glück. Auf dem Beifahrersitz lag eine halbe, unangetastete Pizza vom Vorabend, die ich für eine solche Gelegenheit dabeihatte. Sowie ich das Fenster öffnete, stieg ihm der Geruch in die Nase. Ich reichte ihm die geschlossene Schachtel, und seine Augen leuchteten auf. Er strahlte übers ganze Gesicht und sah auf einmal aus, als hätte ihn eine Zeitmaschine dreißig Jahre zurückversetzt – und mich auch. Es war wie das Gleißen, das man in Filmen sieht, wenn etwas Magisches passiert, aber hier war es kein Kinoeffekt. Es durchdrang meine Hände, meinen Körper, ja selbst meine Seele.

Bei unserer nächsten Begegnung ging von dem unaufdringlichen

Bettler offensichtlich keine Erwartungshaltung aus, und das gefiel mir. Schon von Weitem lächelte er mir zu. Freundlich, aber auf Augenhöhe. Da fielen mir die Bananen ein, die ich dabeihatte. Ich nickte ihm zu. Schnell war er bei mir. Ich bot ihm von Herzen eine Banane an. Er lächelte sein breites Jungenlächeln, das ich inzwischen kannte, und schien sich dafür zu bedanken, dass ich diesmal auf seinen Ernährungsplan geachtet hatte.

Inzwischen sind wir Kumpels. Immer wenn ich zur Ampel auf dem Varis-Boulevard komme, halte ich nach ihm Ausschau. Wenn ich etwas Essbares dabeihabe, gebe ich es ihm. Wenn ich Kleingeld habe, auch. Er erkennt mein Auto, und wenn ich näher komme, hält er nach mir Ausschau – nicht aufdringlich, nicht lästig, sondern taktvoll, eben auf seine Weise. Wenn ich das Fenster herunterkurbele, kommt er her, wenn nicht, lächelt er mich nur an. Wie in einer guten Beziehung, bei der man sich gegenseitig nicht zur Last fällt, sondern die Grenzen des anderen respektiert.

Ich habe schon vor einiger Zeit gelernt, etwas in meine Beziehungen zu Unbekannten zu investieren. Menschen, die ich zum ersten und wahrscheinlich zum letzten Mal im Leben sehe. Einen Passanten, die Frau am Kiosk, den Typen an der Straßenmaut. Ein Lächeln, ein Dankeschön, ein Gruß oder ein Nicken erfüllen mich mit Freude und geben mir wieder ein gutes Gefühl. Als würden sie mein ganzes Dasein aufladen, so wie der Dynamo, den wir früher am Fahrrad hatten.

Es heißt, man bekommt das zurück, was man gibt. Das stimmt. Es ist, als würde man etwas auf ein Blatt Papier zeichnen, und auf der Rückseite entsteht ein exaktes Spiegelbild. Doch du sollst von Herzen geben und nicht aus Berechnung. Sonst gibt es auf der Rückseite des Blattes kein Spiegelbild.

Das System, das sich der liebe
Gott ausgedacht hat, ist perfekt
ausgewogen. Soll und Haben
halten sich darin die Waage.

So wie bei den T-Konten, die wir an der Wirtschaftsschule kennenlernten und wo gilt: Soll = Haben. Nur mit dem Unterschied, dass
man nie weiß, wann das Geschäftsjahr endet, aber das sollte uns
sowieso nicht kümmern. Der Große Zahlenmeister sorgt dann für
Ausgleich, wenn er es für richtig hält.

Wenn sich bei dir Soll und Haben nicht die Waage halten, dann be-
schwer dich nicht. Zahle mehr auf die Habenseite ein. Aber nicht
der Ordnung zuliebe, sondern deinem Herzen zuliebe. Und erwarte nichts zurück. Du wirst etwas bekommen, aber tu es nicht des-
wegen. Sonst geht die Rechnung nicht auf.

Du bekommst etwas von dort, wo du es gar nicht erwartest, und
zu einem Zeitpunkt, wenn du gar nicht damit rechnest. Aber es
wird kommen.

Garantiert.

Warum?

Es geschah an einem Montagmorgen. Kurz vor acht Uhr stand ich schon vor der Bank in der Warteschlange. Vor mir war eine gut gekleidete, freundliche ältere Dame mit einem Gehstock. Als die Türen sich öffneten, gingen wir hinein. Die Dame war als Dritte dran. Eine andere Dame weiter hinten hatte eine gute Idee: Die Leute vorn sollten der älteren Dame ihren Platz überlassen. Die bedankte sich, lehnte aber ab.

Ich sagte zu der Dame weiter hinten, ihre Idee sei gut, und rechtfertigte mich, dass wir nicht früher darauf gekommen waren. »Sie haben recht«, sagte ich freundlich. Schroff gab sie zurück: »Ich weiß, dass ich recht habe, aber wer hört schon auf mich?« Verärgert kehrte sie an ihren Platz zurück und murmelte kopfschüttelnd irgendetwas vor sich hin. Wäre sie eine Cartoonfigur gewesen, hätte ein schwarzes Wutwölkchen über ihr geschwebt. Ihre Reaktion wunderte mich, überraschte mich jedoch nicht. Ich reagierte nicht weiter darauf, denn sie war ja nicht auf mich böse.

Beim Verlassen der Bank beobachtete ich die Menschen. Sie runzelten die Stirn und wirkten bedrückt und mürrisch, als wäre ihnen allen gerade etwas Schlimmes zugestoßen. Allen dasselbe, als hätten sie sich abgesprochen. Wie ein Trauerzug. Es fiel mir auf, aber leider überraschte es mich auch diesmal nicht.

Ich ging eine Zeit lang allein weiter, und langsam formte sich in mir ein großes WARUM. Anfangs war es klein, aber je mehr Zeit verging, desto größer wurde es.

Bis es mich irgendwann zu ersticken drohte.

Warum sagen wir nicht mehr »Bitte«?

Warum sagen wir nicht »Danke«?

Warum lächeln wir nicht?

Warum haben wir Angst zu lieben?

Warum haben wir noch mehr Angst, unsere Liebe zu zeigen?

Warum sorgen wir nicht für uns?

Warum ernähren wir uns schlechter als unsere Haustiere?

Warum lassen wir uns nicht durchchecken, so wie unser Auto?

Warum laden wir uns abends weniger auf als unser Handy?

Warum beschimpfen wir uns? Die schlimmsten Flüche sind nichts im Vergleich zu denen, die wir gegen uns selbst richten.

```
Warum vergeuden wir unser Leben,
als würden wir eine Million Jahre
leben?
Uns bleiben nur tausend Monate.
Darauf läuft es hinaus.
```

Warum reden wir über unsere Probleme nicht mit denen, die sie verursacht haben, sondern mit allen anderen, zum Beispiel über Facebook?

Warum freuen wir uns nicht mit anderen Menschen?

Warum suchen wir immer einen Schuldigen?

Warum haben wir immer etwas Negatives zu erzählen?

Natürlich gibt es auch Ausnahmen. Aber warum können Ausnahmen nicht die Regel sein?

Neulich fuhr ich mit dem Taxi heim. Nicht weit von meinem Haus gibt es eine Kreuzung ohne Stoppschild. Ich sagte zu dem Taxifahrer: »Passen Sie auf, manchmal sind hier Raser unterwegs.«

»Es sind immer Raser unterwegs!«, gab er zur Antwort. Ich wünschte ihm gute Nacht.

Jetzt halt mal die Luft an, Freundchen!

Die Paradiesstraße

Ich mache mit meinen Mädchen seit einer Woche Ferien auf der Insel Sifnos. Nachdem gestern ein voller Tag erstaunlicherweise zu einer vernünftigen Zeit zu Ende gegangen war, wollten wir den zauberhaften Abend mit einem romantischen Strandspaziergang hier in Vathi ausklingen lassen. Erster Schritt: Ich ließ das Handy im Hotel, um ihn richtig genießen zu können. Zweiter Schritt: Ich bat sie, ihre Flipflops anzuziehen, damit wir am Strand entlanggehen konnten. Dritter Schritt, mit dem ich sie austrickste: Ich nahm ihre Jacken mit, weil ich inzwischen weiß, dass sie irgendwann anfangen zu nörgeln – so wie ein erfahrener Kapitän eine plötzliche Sturmbö voraussieht.

Wir gingen hinunter zum Strand und begannen mit unserem Spaziergang. Es war wirklich ein zauberhafter Abend, wie man ihn wohl nur in Griechenland erleben kann. Über einem spiegelglatten Meer wölbte sich ein sternenübersäter Himmel. Die Wellen rollten sanft an den Strand, als wollten sie uns ihre melodische Musik zum Geschenk machen. Die Lichter in den Strandtavernen blinkten von Weitem wie Glühwürmchen, die sich auf der stillen Wasseroberfläche spiegelten. Meine Töchter und ich liefen im Gänsemarsch wie die Heiligen Drei Könige mit ihren Geschenken. Wir liefen genau da, wo die Wellen den Sand benetzten, aber nicht unsere

Füße. Sobald eine größere Welle angerollt kam, bot sich ein lustiger Anblick: Wir machten alle drei genau gleichzeitig einen Schritt zurück, um nicht nass zu werden.

Plötzlich wurde meine jüngere Tochter wagemutig und watete bis zu den Knöcheln ins Wasser. Hier beugte ich mich der Weisheit der Natur. Wie verschieden wir doch alle sind! Meine Ältere, die sich an Regeln hält, bekam keinen einzigen Tropfen ab. Die Jüngere, die schon auf das Geräusch von Wellen allergisch reagiert, ging immer weiter hinein, sodass wir sie immer wieder herausholen mussten.

Ein Kind war also im Wasser und das andere draußen, und so gingen wir weiter. Überall am Strand kamen wir an Anordnungen von Sonnenschirmen vorbei. Manche von ihnen waren schick, manche minimalistisch, wie gut gekleidete Menschen, die in irgendeinem angesagten Restaurant Cocktails schlürften und ihre Zigarette genossen, die Hand in den Taschen ihrer Leinenhosen. Manche waren ausgefallener, rockiger. Wie Hippies, die lockerer drauf waren. Wie Menschen, die schicke Leute nicht ausstehen können. Und trotzdem sah das Ganze toll aus. Wie im echten Leben. Alles wirkte harmonisch, solange die Harmonie von einem selbst ausging.

Als wir an den Schirmen vorbei waren und die Mädchen müde wurden, finden sie zum ersten Mal an zu nörgeln. Aber an dieser Stelle begann die Magie: Hier gab es weniger Lichter, dafür aber mehr Sterne. Nur ganz wenige gesegnete Häuschen ragten hinten am Strand hervor. Auf einem davon, dem kleinsten, aber auch dem putzigsten, war eine Leuchtinschrift angebracht. Wir gingen näher hin. Es war eine Zahl: die Zahl 70. Das Häuschen war nummeriert, als stünde es an irgendeiner belebten Straße in Athen-Kipseli. Wir konnten es uns nicht erklären, doch irgendwie passte es hierher. Wie aus einem Lied von Manos Chatzidakis oder wie die Requisite für eine Filmszene, die man genau für diesen Zweck dort angebracht hatte. Auf der kleinen, dem Strand zugewandten Veranda saßen schweigend drei Damen und genossen den Abend. Ich überlegte lange, ob ich sie stören sollte, aber letztlich konnte ich mich nicht zurückhalten. »Sie haben das schönste Haus auf der ganzen Welt«, sagte ich, und sie lächelten.

Wir gingen weiter. Ein Stück weiter unten nahm ein Pärchen ein nächtliches Bad. Weiter oben am Strand spielten ein paar Jungen Fangen. Etwas weiter entfernt genossen ein paar Touristen andächtig ihr Abendessen in den letzten Tavernen am Ende des Strandes – als wären sie in einem antiken Tempel und würden eine heilige Handlung vollziehen. Alle sprachen leise, wie es diesem einzigartigen Ort gebührte, und jeder war im Einklang mit ihm.

Wir setzten unseren Weg fort und erzählten uns Geschichten unter dem Sternenzelt. Diese Geschichten kenne ich seit meiner Kindheit, und sie versetzen mich in magische Welten. Manchmal hielten wir den Atem an, um nur ja kein einziges Wort zu verpassen. Und immer begleiteten uns der einzigartige, berauschende Geruch des Meeres und das stets gleiche, sanfte Plätschern der Wellen. Die Krönung des Genusses waren ein paar Schäfchen, die noch wach waren und die man in der Ferne blöken hörte.

Wir blieben bei den schicken Sonnenschirmen bei einem Hotel stehen und bestellten die alkoholfreien Lieblingscocktails der Mädchen. Auch ich bestellte ein Getränk, und wir quetschten uns zu dritt auf zwei Strandliegen. Das war für uns genau das Richtige. Wir erzählten uns noch ein paar Geschichten und vertrauten einander unsere geheimen Pläne und Träume an. Es war einer dieser Abende, von denen man hofft, dass sie nie zu Ende gehen. Abende, die ganz sicher unvergesslich bleiben. Abende, bei denen es einem nichts ausmachen würde, wenn das Leben genau dann und ungefähr so zu Ende ginge. Ohne Übertreibung.

Schließlich gingen wir müde, aber zufrieden und glücklich in unser Hotel zurück. Wir lasen noch die Geschichte vom König und dem Magier und schliefen alle drei fast gleichzeitig ein.

Es war ein Abend wie im Traum,
wie im Paradies.

**Es war, als hätte uns jenes zauberhafte Häuschen
mit der Nummer 70 verzaubert.**

Mach den Fernseher aus

Ich hatte schon immer Glück. 2001 zog ich in eine schöne, ruhige Wohnung mit Meerblick in Athen-Vouliagmeni. Genau der Ort, den ich brauchte, um aufzutanken und mich inspirieren zu lassen. Mein Kabel-TV-Vertrag war abgelaufen und ich hätte ihn jetzt erneuern sollen. Doch eine innere Stimme sagte mir, ich solle es nicht tun. Und ich hörte auf sie.

Zum ersten Mal im Leben war ich allein, ohne Fernseher, ohne diesen aufdringlichen Mitbewohner, der sich ungefragt bei dir einnistet.

Zum ersten Mal im Leben räumte ich die Fernbedienung weg – früher war sie das Erste, was ich morgens zur Hand nahm, und das Letzte, was ich abends aus der Hand legte. In meinem Kopf kehrte Ruhe ein. Ich fand die Lösungen, nach denen ich gesucht hatte. Sie lagen alle in mir. Die Armen, sie hatten immer wieder bei mir angeklopft, aber wie hätte ich sie bei dem Lärm hören sollen? Zum ersten Mal seit der Grundschule wurde mir wieder bewusst, was freie Zeit bedeutet. Alle jammern, sie hätten keine

Zeit. Das ist eine Lüge. Wie soll man auch Zeit haben, wenn man die, die einem noch geblieben ist, am Ende des Tages verschleudert? Das ist, als würde man etwas essen und die Essensreste wegwerfen, und am nächsten Tag hat man dann Hunger.

Jetzt gab es nicht mehr den immer gleichen Ablauf, wenn ich nach Hause kam. Also ging ich spazieren, rief alte Freunde an. Ich setzte mich mit meinen Gedanken hin, manchmal schrieb ich sie auf, manchmal nicht. Ich war wieder die Hauptperson in meinem Leben.

Die Griechen sehen im Durchschnitt vier Stunden täglich fern. Doch das Schlimmste ist, dass sie meinen, es sei kostenlos. Dauernd fernzusehen kostet dich Millionen. Es kostet dich deine Träume, deine Pläne, deine Inspiration, ja sogar dein Leben. Eines Tages wachst du mit achtzig Jahren auf und fragst dich, wo es geblieben ist. Du hast es verschenkt, ohne es zu bemerken. Und jetzt suchst du es. Aber jetzt ist es zu spät.

Seit ich den Fernseher abgeschafft habe, habe ich bis heute über 10 000 Stunden gewonnen. In Arbeitstage umgerechnet, habe ich wohl mehr als 1500 gewonnen, das ergibt sechs volle Jahre. Sechs Jahre reines Gold.

Wenn du mein Verhalten extrem findest, dann schränke deinen Fernsehkonsum einfach ein. Wenn du pro Tag eine Stunde weniger fernsiehst, bleiben dir 360 Stunden im Jahr. So viel geschenkte Zeit für dich und deine Träume.

Es war wohl Anfang der 1980er Jahre, als das Farbfernsehen in Griechenland Einzug hielt.

An einer Hauswand in Athen-Kallithea sah ich damals ein Graffito, dessen Botschaft ich nie vergessen werde:

Farbfernsehen
Schwarzweißleben

Dieser Spruch war seiner Zeit weit voraus ...

Wer bist du?

Diese bewegende Geschichte ist wahr und ereignete sich im US-Bundesstaat Tennessee. Ben wurde 1870 unehelich geboren, zu einer Zeit, als das fast noch eine Todsünde war. Seinen Vater hatte er nie kennengelernt. Bastard nannten sie ihn damals. Die Gesellschaft war unerbittlich. Seit seinem dritten Lebensjahr wurde er immer wieder gefragt, wer sein Vater sei. Dann senkte er beschämt den Kopf. Die anderen Kinder spielten nicht mit ihm, und die Mütter machten einen Bogen um ihn, als wäre er ein Aussätziger. Je älter er wurde, desto schlimmer wurde es. Die Schule war die Hölle. In den Pausen spielte er allein, beim Essen hatte er keine Gesellschaft. Doch an den Wochenenden war es am schlimmsten. Wenn er mit seiner Mutter einkaufen ging, stellten ihm Erwachsene und Kinder, als hätten sie sich abgesprochen, die gleiche Frage, wie im Chor: »Wer ist denn nun dein Vater?«, und Ben ließ den Kopf noch mehr hängen.

Die Kirche betrat er immer als Letzter und verließ sie als Erster, um Fragen aus dem Weg zu gehen. Den Kopf hielt er immer gesenkt. Er fühlte sich wie ein Nichts. Manchmal wünschte er sich, er wäre nie geboren worden. Ben war inzwischen zwölf Jahre alt. Da kam ein junger Kaplan in die Pfarrgemeinde. Ein großartiger

Mensch. Vorurteilsfrei und freundlich. Modern und aufgeschlossen. Ein Mann Gottes. Eines Sonntags war der Gottesdienst früher zu Ende, und Ben konnte nicht rechtzeitig flüchten. Da stand der Kaplan neben ihm und legte ihm die Hand auf die Schulter. Und zu Bens Überraschung, aber auch zur Überraschung der anderen fragte er ihn laut: »Also, wessen Sohn bist du, Ben?« Keiner sagte ein Wort. Man hätte eine Stecknadel fallen hören können. Ben war kurz davor, in Tränen auszubrechen. »Moment!«, rief der Kaplan begeistert: »Ich weiß, wer dein Vater ist! Dein Vater ist Gott! Deshalb bist du auch so gesegnet! Du hast ein riesiges Vermächtnis, mein Sohn. Geh hin und mach was draus.«

Der Junge lächelte glücklich. Tränen strömten ihm übers Gesicht, aber diesmal waren es Freudentränen. Zum ersten Mal in seinem Leben war er jemand. Keiner fragte ihn mehr nach seinem Vater. Zum ersten Mal war Ben stolz auf das, was er war. Sehr stolz. Und er bewirkte tatsächlich Großes. Ben wurde Gouverneur von Tennessee, wurde sogar wiedergewählt und sollte als erfolgreichster Gouverneur der Vereinigten Staaten in die Geschichte eingehen.

Ben hatte einfach eine andere Identität angenommen. Er war jetzt kein Bastard mehr. Von einem auf den anderen Moment wurde er zu einem Sohn Gottes. Jetzt war er das, wovon er immer geträumt hatte. Es dauert nur einen Augenblick, um ein anderer zu werden – du musst es nur mit jeder Faser deines Seins wollen. Ein Augenblick genügt, um neu geboren zu werden.

Manche der bedeutendsten Persönlichkeiten, die je gelebt haben, erlitten in ihrer Kindheit große Qualen. Sie wurden geschlagen, vergewaltigt oder von Alkoholikern und Prosituierten aufgezogen. Und dennoch kam auch für sie irgendwann dieser berühmte Moment – *ihr* Moment, als sie eines Abends neu geboren wurden. Als sie die Vergangenheit satthatten und etwas Neues gebaren und es später mit Sorgfalt und Hingabe nährten. Und noch später wurden sie zu den Menschen, wie wir sie kennen.

Und du, wer bist du? Bist du etwa die rührselige Geschichte, die du erzählst? Von dem, der nie das studierte, was er studieren wollte? Von dem, der falsch erzogen wurde? Von dem, der in einem krisengeschüttelten Griechenland lebt? Von dem, der seine Arbeit nicht mag? Könnte es sein, dass du es bist, der deine Träume zerstört? Ist vielleicht auch für dich jetzt der Moment gekommen, um der zu werden, der du in deinen Träumen schon immer sein wolltest? Ist jetzt der Moment gekommen, um neu geboren zu werden?

Ich bin bei einem Freund und erzähle ihm von meinem Traum: Ich habe vor, ein »Selbsterkenntnis«-Fach für jüngere Kinder zu entwickeln. Meine Vision ist, dass es in allen Schulen Griechenlands eingeführt wird.

»Hey«, sagt mein Freund irgendwann und sieht mich zweifelnd an, »meinst du etwa, wir können die Welt verändern?«

```
»Ja, mein Freund, wir werden
die Welt verändern!«
```

Wenn nicht wir, wer dann?

Das
Wunderjournal

Hier kann ich nicht objektiv sein. Wie könnte ich auch bei etwas, das meine Rettung war? Dieses Werkzeug hat mir geholfen, mein Leben zu verändern. Seit mehr als zehn Jahren mache ich lückenlos Einträge. Man könnte es auch Tagebuch der Freude oder Dankbarkeitsjournal nennen.

Ich kaufte mir also ein ansprechendes Notizbuch und fing an, jeden Tag die schönen Dinge aufzuschreiben, die mir tagsüber begegnet waren. Am Anfang fiel es mir schwer. Wenn ich das Heft aufschlug und wir beide uns von Angesicht zu Angesicht ansahen, hatte ich ein eigenartiges Gefühl. Als hätte ich ein obligatorisches Blind Date, und beide Beteiligten wüssten nicht, was sie sagen sollen.

Im Lauf der Zeit öffnete ich mich allmählich. Ich schrieb über einen Sonnenaufgang, über ein gutes Gespräch. Immer wieder schrieb ich etwas auf.

So wie beim Tennisspielen: Mit der Zeit wird man zunehmend besser. Jeden Tag schrieb ich ein bisschen mehr, als hätte ich langsam den Dreh raus. Bis mir allmählich bewusst wurde, wie viele unzählige schöne Dinge das Leben bereithielt, die ich vorher nicht wahrgenommen hatte. Diese Dinge waren immer dagewesen, nur ICH nicht. Das Wunderjournal sollte meine Kamera werden, von der ich mich nie trennte. Ich hatte sie immer dabei und machte Momentaufnahmen, die ich anschließend weiterentwickelte. Am meisten Freude bereitete es mir jedoch, sie der Reihe nach in das »Album« einzufügen. Am Ende jeden Tages. Magisch.

Später entwickelte ich meine eigene Methode: Ich nahm mir vor, zwanzig Dinge aufzuschreiben, für die ich dankbar war. Und das tat ich dann: dass ich aufstand und meine Füße mich trugen. Dass ich Wasser hatte und das Duschen genießen konnte. Dass nach einem anstrengenden Tag ein warmes Bett auf mich wartete. Auf diese Weise veränderte sich mein Leben, oder besser gesagt: Ich veränderte es.

> Ich sah die Schönheit.
> Und war tatsächlich
> von ihr geblendet.

Mein Leben ging weiter wie bisher. Doch meine Einstellung zum Leben wurde großartig. Und so wurde auch mein Leben großartig. Seitdem habe ich wohl unzählige Notizbücher vollgeschrieben. Sie stehen in einem Regal, und ab und zu lese ich wieder darin und erfreue mich noch einmal daran.

Manche nennen es bewusste Freude, und sie haben recht. Statt darauf zu warten, dass der Lieferservice irgendwann bei mir klingelt und mir etwas zu essen bringt, nehme ich einen Topf und koche selbst. Wann ich will. Eigenhändig. Das könnte man auch hausgemachte Freude nennen – sie schmeckt am allerbesten.

Heute Morgen ging ich an einen Kiosk, um eine Flasche Wasser zu kaufen. Ich öffnete den Kühlschrank, und das Wasser war eiskalt, genau wie man es sich im Hochsommer wünscht. Ich bezahlte beim Kioskmann und sagte zu ihm:

»Sie haben so gutes Wasser!«

»Sie haben meinen Tag gerettet«, antwortete er und lächelte.

»Und Sie meinen.«

Halt, das muss ich aufschreiben ...

Ein Wochenende auf dem heiligen Berg Athos

Als besonders religiös kann man mich nicht bezeichnen. Aber ich glaube an Gott – auf meine Art.

Seit fünfzehn Jahren fahre ich mit ein paar Freunden am Palmsonntag auf den heiligen Berg Athos in Nordgriechenland. Das ist bei uns so Brauch. Es ist unser Jahrestreffen, aber auch eine Gelegenheit, für zwei Tage allem Weltlichen zu entfliehen, um Gott unsere Aufwartung zu machen und etwas Schönes zu erleben.

Schon Tage vor dem Besuch der Mönchsrepublik nimmt man Kontakt zum Pilgerbüro auf, um dort einen Einreisetermin zu vereinbaren. Bei der Ankunft in Ouranoupolis besorgt man sich für wenig Geld einen Besucherschein, damit man den heiligen Berg betreten darf. Von Ouranoupolis aus gelangt man mit einer kleinen Fähre oder einem Schnellboot dorthin. Der Fahrplan wird genau eingehalten. Bei der Ankunft begibt man sich ins *Archontariki*, den Empfangsraum, und trägt sich ins Gästebuch ein. Dort begrüßen einen der *Archontaris* (der Gastmeister) und die Mönche mit einem herzlichen Lächeln, aber auch mit heißem Kaffee und köstlichen Loukoumia, die nach der langen Reise noch besser schmecken.

Hier auf dem Berg Athos sind die Mönche nie untätig, sondern immer emsig, wie in einem Bienenkorb. Sie arbeiten und produzieren. Sie reden nicht viel und beklagen sich nicht. Auf dem Berg Athos gibt es eine gewaltige Entwicklung. Von Jahr zu Jahr wachsen die Klöster, aber auch der dazugehörige Grund und Boden rasend schnell. Die Gebäude werden fast ausschließlich aus Naturmaterialien errichtet. Überall sieht man Arbeiter und Mönche am Werkeln. Sie kochen, räumen auf, bestellen die Felder und bauen. Es ist eine wahre Freude, ihnen zuzusehen.

Die Mönche respektieren und achten die Natur. Hier lässt man nichts verderben. Das Essen, das die Pilger übrig lassen, essen die Mönche. Was die Mönche nicht essen, bekommen die Nutztiere, die dort gehalten werden. Zu jedem Kloster gehören Katzen und Hunde, die ebenfalls in Ruhe und Harmonie leben. Die letzten Essensreste werden kompostiert. Was wiederverwendbar ist, wird recycelt. Ein Teil der Abfälle wird in einem Spezialofen verbrannt, sodass nur eine ganz kleine Abfallmenge übrig bleibt. Man sieht nicht das kleinste Fitzelchen Abfall am Boden liegen.

Was die Mönche und Pilger essen, wird fast ausschließlich lokal angebaut. Gekauft wird nur, was unbedingt nötig ist. Die Mönche bestellen den Boden besonders respekt- und liebevoll. Das Essen und der Hauswein schmecken umwerfend. Die Abendmahlzeiten sind jedoch heilig. Es wird erst dann mit dem Essen begonnen, wenn der letzte Mönch oder Pilger am Refektoriumstisch sitzt. Erst dann ertönt leise eine Glocke, die den Beginn der Mahlzeit signalisiert. Während der Mahlzeiten konzentrieren wir uns auf das Essen. Keiner sieht fern, keiner ist mit seinem Tablet oder Handy beschäftigt. Wir essen andächtig und ehren den Schöpfer. Wenn am Ende der Mahlzeit wieder die Glocke ertönt, stehen wir geordnet und respektvoll auf und verlassen den Raum. Am Ausgang erwartet uns der Abt, der Primus inter Pares, um uns zu segnen. Er selbst geht immer als Letzter.

Die Fastenzeit dauert hier nicht nur vierzig Tage, sondern ist eine Lebensweise. Es bedeutet, dass man mit Maß und Respekt für die Natur und für seine Mitmenschen lebt und konsumiert, vor allem aber mit Maß und Respekt sich selbst gegenüber.

Hier geht es nicht nur um die Leiden Christi, sondern um unser aller Leiden. Die Passionszeit symbolisiert unsere Sünden, aber auch die Wechselfälle des Lebens, unsere Misserfolge und Verfehlungen. Wir alle machen Fehler und haben auch das Recht dazu. Unsere Fehler bilden unsere Erfahrung. Hier auf dem Berg Athos schämen wir uns also nicht für sie. Wir vertuschen sie nicht, sondern bringen sie vielmehr ans Licht.

Aus diesem Grund gibt es eine zweite Chance. Hier nennt man es Beichte. Mit anderen Worten: Man macht sich seine Handlungen bewusst, steht zu ihnen und lässt sie dann los. Vor allem aber ist man ehrlich zu sich selbst. Man vertraut sie einem Weisen an. Hier nennt man ihn Spiritus Rector, und er gibt wertvolle Ratschläge, die von Herzen kommen. Dann erhebt man sich und steht wieder auf eigenen Füßen. Man fühlt sich stark, wie neugeboren. Man sieht die Dinge aus einer anderen Perspektive, optimistischer, kraftvoller.

Wenn du siebenmal hinfällst,
steh achtmal auf, sagt der
Volksmund. Auf dem Berg Athos
nennt man es Auferstehung.

Einmal ging ich in den kleinen Klosterladen, um Amulette für meine Freunde zu kaufen. Am Tresen stand kein Mönch, sondern der Abt. Der Klostervorsteher. Der Mann, der hin und wieder Besuch von wichtigen politischen Persönlichkeiten unseres Landes und aus aller Welt bekommt. Höflich fragte ich ihn, warum er hier stehe. Er sah zu Boden und antwortete in äußerster Demut, als wäre er Jesus Christus persönlich: »Um den Priestern zu helfen, die in den Klöstern arbeiten, mein Sohn.«
Für mich ist dieser Mann der Größte.

Der Primus inter Pares.

Die Maiskolben

Sie heißt Sofia und ist Lehrerin im Kindergarten. Sie fand mich über Facebook, und wir vereinbarten ein Treffen, um über das Unterrichtsfach zu sprechen, das ich für Schulkinder vorbereite. Sie ist eine aufrichtige, fröhliche und würdevolle junge Frau, die ganz für ihre Schüler da ist. Wir waren uns in allen Punkten einig, bis wir auf die Streitfrage zu sprechen kamen: Wer bestimmt eigentlich unser Leben – wir selbst oder das Schicksal?

»Na ja, letztendlich wurde ich an dieser Schule doch nicht eingestellt – dabei habe ich im Bewerbungsgespräch doch mein Bestes gegeben, Stefanos. Ich hatte Pech.«

»Hast du alles getan, was in deiner Macht stand, Sofia?«

»Ja.«

»Wenn es eine zweite Gelegenheit gäbe, würdest du es dann wieder genauso machen?«

»Vielleicht würde ich dann auch X machen.«

»Gut.«

»Vielleicht auch Y.«

»Gut. Heißt das also, du würdest es anders machen, wenn du eine zweite Chance hättest?«

»Wahrscheinlich schon …«

Tu alles, was du tun kannst, heute. Bei manchen Dingen wird das nicht gelingen, zumindest nicht sofort. Aber wenn du lernst, heute dein Bestes zu geben, dann wirst du diese Dinge morgen vielleicht auch tun können. Handle bei Dingen, die du heute kannst und weißt, immer, so gut du kannst. Sorge dafür, dass du morgen mehr über diese Dinge weißt als heute. Hör nie auf zu lernen. Ergreife Chancen. Mit deinem Wissen und Handeln wirst du letztendlich dein Schicksal bestimmen.

Es waren einmal drei Männer, und jeder bekam einen Maiskolben. Der erste aß ihn und wurde satt. Der zweite pflanzte die Körner ein, aus denen zehn Maispflanzen hervorgingen. Nun hatte der Mann zehn Tage lang genug zu essen. Auch der dritte Mann pflanzte die Körner ein, und es gingen ebenfalls zehn Maispflanzen daraus hervor. Dieser Mann aß aber nur die Maiskolben einer einzigen Pflanze und pflanzte die Körner der übrigen neun wieder ein. Daraus gingen 90 Maispflanzen hervor. Wieder aß er nur die Kolben einer Pflanze und schenkte die zweite Maispflanze seinem Freund, weil er wusste, wie schön es ist, Dinge mit anderen zu teilen. Die Körner der restlichen 88 Maispflanzen pflanzte er wieder ein. Daraus wurden 880 Pflanzen, und so ging es weiter. Heute gehört dem Mann das halbe Dorf, und die Hälfte der Dorfbewohner arbeitet für ihn.

Letztendlich ist Leben nicht das, was dir widerfährt, sondern das, was du aus dem machst, was dir widerfährt.

Besseres Wissen bedeutet bessere Entscheidungen. Bessere Entscheidungen bedeuten bessere Ergebnisse. Bessere Ergebnisse bedeuten ein besseres Leben. Und genau das willst du ja.

Um aber bessere Entscheidungen zu treffen, musst du lernen. Kurz gesagt: Höre nie auf zu lernen.

**Lerne,
bis du die Radieschen
von unten siehst,
sagte unser Lehrer Antonis
immer.**

Die
Yogalehrerin

Jeden Mittwochmorgen gehe ich ins Yoga. Wenn ich etwas will, plane ich es ein. Sonst passiert nämlich nichts, das weiß ich. Ich lernte Yoga aufgrund gesundheitlicher Beschwerden kennen, und diese Beziehung hält nun schon zwanzig Jahre. Yoga ist eine jahrtausendealte Wissenschaft. Es wirkt beruhigend, erdend, beflügelnd, entspannend. In dieser einzigartigen Lebensphilosophie ist nichts dem Zufall überlassen.

Normalerweise ist es so, dass die kostbarsten Geschenke in Dornen verpackt sind, nicht in hübschen Schachteln mit Schleifen. Deshalb landen sie oft im Abfall. Mitsamt den Dornen.

Jedes Mal lernen wir etwas. In der heutigen Lektion machte die Frau neben mir etwas falsch, wie wir sagen würden. Ich wartete auf die Reaktion unserer Lehrerin, oder eher ihre Nichtreaktion. Bingo. Sie entschied sich, nicht einzugreifen, damit meine Nachbarin es selbst merkte. Und das tat sie. Am Ende der Stunde diskutierten wir darüber. Wir diskutieren immer über solche Dinge. Dann beginnt nämlich die eigentliche Lektion. Die Lehrerin sagte, es sei nicht angezeigt, andere zu korrigieren. Klug vermied sie das Wort »Fehler«. Irgendwo hatte ich mal gehört, dass das Wort »Fehler« ein Fehler ist. Jede Art von Korrektur oder Eingreifen in das Leben eines anderen, sagte sie abschließend, ist eine

Form von Gewalt. Besonders wenn derjenige gar nicht darum gebeten hat.

Oft mischen wir uns in das Leben anderer Menschen ein: unserer Kinder, unserer Partner, unserer Arbeitskollegen. Wir haben zu allem eine Meinung, ohne jedoch genügend Fakten zu kennen. Ungefragt kritisieren wir sie und bieten Lösungen an. Das ist so, als würdest du beim Obst- und Gemüsehändler vorbeigehen und er würde dir einfach Bananen in die Tasche stopfen – und am Ende auch noch Geld dafür verlangen. Einer schreibt etwas auf Englisch,

> Jeder hat seinen eigenen Auftrag, seine eigenen Wertvorstellungen und Prioritäten, seinen eigenen Weg.
> Letztendlich ist es sein Leben.

und du korrigierst ihn auf Griechisch.

Vor Jahren habe ich etwas Lustiges erlebt. Ich fuhr abends mit dem Taxi zum Flughafen, guter Dinge, denn mein Leben lief gerade einfacher. Ich saß hinten und machte mit geschlossenen Augen meine Atemübungen. Der Taxifahrer war taktvoll und unterbrach mich nicht. Doch als wir am Ziel waren, konnte er sich nicht mehr zurückhalten: »Hey, Kumpel, ich habe dich die ganze Zeit im Rückspiegel beobachtet, wie du geschnauft hast. Wer weiß, was du gerade durchmachst, armer Kerl …«

Ich musste laut lachen und erklärte es ihm dann. Zum Schluss lachten wir beide. Auch heute muss ich noch lachen, wenn ich daran denke.

Ich hoffe, es geht dir gut,
mein Freund,
egal, wo du bist ...

Was sind fünfzig Euro wert?

Ich hatte versprochen, Visitenkarten für meine Töchter zu bestellen. Sie waren damals neun und sechs Jahre alt. Die konnten sie an ihre Freundinnen verteilen, aber sie würden dabei auch lernen, was Identität und Selbstbestimmung bedeuten und was es heißt, Ziele zu haben. Die eine wünschte sich »Turnlehrerin-Sportlerin«, die andere »Turnlehrerin-Entdeckerin«. Die eine Karte sollte schwarz sein, die andere pistaziengrün. Das sind ihre Lieblingsfarben. So etwas machen wir häufig.

Irgendwann rief die Druckerin an, die Karten seien fertig. Ich ging sie holen. Sie waren hervorragend geworden, genau so, wie die beiden es sich vorgestellt hatten.

Jetzt musste ich noch bezahlen. Die Druckerin sagte, ich hätte hundert Euro angezahlt. In meiner Erinnerung waren es nur fünfzig Euro. Zuerst wollte ich mich dumm stellen. Fünfzig Euro sind schließlich fünfzig Euro. Aber dann überlegte ich noch einmal. Ich hatte schon zu viel an mir gearbeitet, um mich jetzt für fünfzig Euro zu verkaufen. Ich insistierte: »Ich habe fünfzig bezahlt, nicht hundert.« Sie schaute noch einmal in ihre Unterlagen und bestätigte es. Sie verbarg ihre Überraschung nicht und bedankte sich.

Kann ich so einfach auf fünfzig Euro verzichten? Nein. Aber ich habe sie nicht zum Fenster rausgeschmissen und nicht vergeudet, sondern sie in mich investiert, in meine persönliche Spardose. Die, die man nicht sieht, die wichtigste von allen. Diese Spardose ist deine Identität. Und sie ist dein kostbarster Besitz.

> Deine Identität ist, für wen du dich hältst. Und wer du einmal sein wirst, richtet sich immer danach, für wen du dich hältst.

Genau so, wie dir dein Schatten folgt. Du wirst ihm niemals davonrennen können. Und es ist großartig, sich großartig zu fühlen, was auch immer »großartig« für dich bedeuten mag. Mit keinem Geld der Welt kannst du dir dieses Gefühl erkaufen. Und genau dieses Gefühl wird dazu führen, dass deine kühnsten Träume wahr werden. Express. Ohne Zwischenhalt.

Als ich das Geschäft verließ, schwebte ich auf Wolken. Ich war der, der ich sein wollte. Der, der sich für alles Geld der Welt nicht kaufen ließ.

**Was sind fünfzig Euro wert,
verglichen mit deinem Selbstwertgefühl?
Wie gesagt: Alles Geld der Welt.**

Ein nettes Wort

Vor kurzem bin ich umgezogen. Meine frühere Putzfrau konnte nicht mehr zur neuen Wohnung kommen. Deshalb fragte ich einen Freund, der sich mit so etwas auskennt.

»Ich schicke dir meine Putzfrau«, sagte er, »sie ist sehr gut.« Ich rief sie an, ob sie kommen könne. Ja. Daraufhin vereinbarten wir einen Termin, und sie machte sich an die Arbeit. Von Anfang an wirkte sie verantwortungsvoll und tüchtig.

Ich hatte auswärts etwas zu erledigen und überließ ihr deshalb die Wohnung. Als ich zurückkam, war sie schon weg. Ich hatte ihr praktisch nichts gezeigt, aber sie hatte alles allein gefunden: die Putzmittel, die Bettlaken, alles.

Die Wohnung war blitzsauber, als wäre eine gute Fee mit dem Zauberstab hier gewesen. Ich war begeistert. Früher hätte ich es dabei belassen, aber jetzt nicht mehr. Ich habe gelernt zu teilen.

Ich rief sie an:

»Hallo, Valentina!«

Zuerst wusste sie nicht, wer ich war.

»Ich bin's, Stefanos.«

»Stimmt etwas nicht?«, fragte sie beunruhigt.

»Nein, alles in Ordnung.«

»Was ist denn?«

»Ich wollte Ihnen nur sagen, dass Sie super gearbeitet haben. Die Wohnung ist blitzsauber«, und ich schob noch schnell das mit der Fee nach.

Sie brauchte eine Weile, um zu antworten.

»Das heißt … Sie sind zufrieden?«

»Ich bin nicht nur zufrieden, ich bin begeistert.«

Einige Sekunden lang war sie sprachlos. Vielleicht hatte noch niemand so mit ihr geredet. Vielleicht war sie sogar gerührt.

»Danke«, sagte sie, »vielen Dank.«

Ich konnte ihr Lächeln durchs Telefon spüren und freute mich riesig. Wir vereinbarten einen neuen Termin für die folgende Woche.

> Sag ein paar nette Worte.
> Zuerst zu dir und dann zu
> jemand anderem. Andere Menschen
> brauchen das so dringend.

Mehr, als du meinst. Du machst ihr Leben schöner. Du machst die Welt schöner.

Sei großzügig mit Lob. Das bringt noch mehr Lob. Freude soll geteilt werden. Wenn du sie für dich behältst, verfolgt sie dich wie ein Gespenst.

Ich habe einen Freund, mit dem ich früher zusammenarbeitete und der sich mit Fotografieren auskennt.

Ich zeigte ihm ein Foto, das ich gemacht hatte.

»Hey, Stefanos«, sagte er, »schönes Foto!«

Ich freute mich sehr und war stolz. Ich wurde sogar etwas größer.

»Der Bildausschnitt ist sehr schön. Aber hier hättest du ihn noch etwas abschneiden können.«

»Danke, Nick.«

»Und das Gesicht hättest du besser so aufgenommen.«

»Danke, Nick.«

Er machte noch ein, zwei weitere Bemerkungen.

»Danke, Nick.«

Und zum Schluss noch eine.

»Hey, Mann, willst du mich auf den Arm nehmen?«, fragte ich, »du hast das Foto nur kritisiert!«

Ich brach in Gelächter aus und er auch. Doch ich hörte auf ihn, weil er etwas Nettes gesagt hatte.

**Weil er mir das Gefühl gegeben hatte,
wichtig zu sein.**

Bring dem Geld Wertschätzung entgegen

Zu Geld hatte ich schon immer eine gute Beziehung. Mein erstes Geld verdiente ich mit fünf Jahren, als mein Vater mich beauftragte, auf dem Schiff, auf dem er Kapitän war, ein paar Gegenstände zu streichen. Meine ersten vierzig Dollar steckte ich in meine Spardose. Ich werde nie vergessen, was für ein Gefühl es war, Geld zu haben und zu wissen, dass ich es mir erarbeitet hatte.

Auch als ich älter wurde, respektierte und liebte ich Geld immer. Ich brachte auch meinen Töchtern bei, es zu lieben. Auch sie verdienten sich ihr erstes Geld mit fünf Jahren. Ich nahm sie nach der Schule in meine frühere Firma mit. Dort malten sie, tippten am Computer, druckten etwas aus, verteilten Papier und erledigten kleine Aufgaben. So verdienten sie ihr Taschengeld. Den Beleg, den sie zusammen mit ihren ersten fünf Euro von der Buchhaltungsabteilung bekamen, haben sie immer noch. Man hätte meinen können, dass sie an jenem Tag ein Stück gewachsen waren.

Hierzulande gibt es viele falsche Meinungen über Geld. Geld sei schmutzig, die Reichen seien schlechte Menschen und dergleichen mehr. Mit solchen Vorurteilen kommt man nicht zu Geld. Stell dir vor, Geld wäre deine Freundin. Sie bleibt nicht lang, wenn du sie beschimpfst, sondern geht zu einem anderen, der sie gut behandelt. Irgendwo habe ich von der goldenen Zehn-Prozent-Regel gehört. Investiere zehn Prozent deines Einkommens. Es soll gar nicht erst in deiner Tasche landen, sondern direkt auf dem Bankkonto oder in einer anderen von dir gewählten Geldanlage. Lebe nicht von hundert Euro, sondern von neunzig Euro. Jetzt wirst du sagen: Mir reichen nicht einmal hundert Euro, wie soll ich dann mit neunzig auskommen? Selbst wenn du zweihundert verdienst, wirst du nicht damit auskommen. Wenn du das Geld nicht investierst, wirst du alles ausgeben. Schlaue Menschen investieren zuerst und geben dann Geld aus.

Ich habe noch einen guten Tipp gelesen und musste schriftlich

> Geld ist Energie. Es ist weder gut noch schlecht. Es ist, was immer du bist.

nachrechnen, weil ich es anfangs nicht glaubte: Lege jeden Monat hundert Euro auf die Seite, wirklich jeden Monat. Bei sechs Prozent Zinsen und jährlichem Zinseszins hast du nach 65 Jahren eine Million Euro gespart. Ja, du hast richtig gelesen. Geld erzeugt Geld. Das geht schneller als bei den Kaninchen.

Nörgle nicht wegen Geld. Lerne seine Regeln kennen. Spiel mit ihnen. Spiel zu Hause Monopoly. Lass auch deine Kinder mitspielen. Geld steht für Wahlmöglichkeiten. Tu das, was du gewählt hast.

Das, was dir gefällt.

Jedes Jahr vor Weihnachten verkaufen meine Töchter selbstgemachte Weihnachtskarten und spenden einen Teil des Erlöses an Bedürftige. Freunde von mir kritisieren das oft und finden es nicht in Ordnung, dass die Kinder arbeiten und die Karten zu teuer sind und so weiter. Dann lächle ich nur und denke zurück, wie es bei mir früher war. Ohne diese vierzig Dollar, die ich damals als Fünfjähriger bekommen hatte, ohne all die Trinkgelder, die ich mir im Sommer als kleiner Knirps mit kleineren Arbeiten verdiente, und ohne jahrelange Selbstdisziplin hätte ich das Buch, das du jetzt liest, nicht schreiben können.

Wenn du dumme Glaubenssätze
in Bezug auf Geld hast,
befreie dich von ihnen.
Lieber früher als
später.

Das Geschenk

Sie sind Freunde. Freunde, die man über die eigenen Kinder gewinnt. Die Beziehung beginnt wie der Spross eines Baums. Mit der Zeit wird der Spross größer und schlägt selbst Wurzeln. Er wird zu einem Baum, der manchmal höher ist als der erste. Und so werden die Eltern der Freunde deiner Kinder zu deinen engen Freunden.

Wir hatten uns schon eine Weile nicht mehr gesehen und fanden, die Kinder sollten sich treffen. Das war ein Vorwand, damit wir uns treffen konnten. Ich hörte am Telefon, dass die Mutter berufliche Sorgen hatte, die sie mir schildern wollte. Ich unterbrach sie. Ein gutes Essen isst man nicht im Stehen. Man deckt den Tisch mit schönem Porzellan, um das Essen zu genießen. So ist es auch mit einem guten Gespräch. Man führt es persönlich, sagte ich.

Es ist Sonntag. Die Mädchen gehen spielen, und wir kommen ohne Umschweife auf das Thema zu sprechen. Meine Freundin ist in ihrem Beruf sehr gut. Ich habe sie nicht bei der Arbeit gesehen, aber das ist auch nicht nötig. Ob jemand gut ist, erkennt man an Kleinigkeiten. Sogar an der Art, wie er einen anschaut.

Es ist eine lange Geschichte. Die Kurzfassung: Meine Freundin arbeitet in einer großen Firma. Man erkennt dort ihre Leistungen an. Und ihr Chef auch. Aus unerklärlichen Gründen steht zwischen ihnen ein mittlerer Manager. Laut meiner Freundin tickt der Typ auf eine ganz bestimmte Art und ist nicht gerade flexibel. Oft geraten sie in Streit, und er weist ihr dann die Rolle der Komparsin zu. Meine Freundin beschwert sich beim Oberboss, der zu ihr hält. Die drei setzen sich zusammen, und der Oberboss versichert meiner Freundin erneut, dass er auf ihrer Seite ist. Der mittlere Manager fällt langsam in Ungnade. Es steht eine wichtige Präsentation bei einem Großkunden an, aber der mittlere Manager drückt sich davor und lässt meine Freundin die Präsentation halten. Diese verläuft sehr gut.

Meine Freundin und ihr Mann sind während des ganzen Gesprächs niedergeschlagen. Die Arbeit ist schwieriger geworden, auch der Büroalltag, sagen sie.

Aber ich habe etwas ganz anderes gehört und fange an zu lachen.

»Sag bloß, du siehst es nicht«, sage ich zu ihr.

»Was soll ich sehen?«, fragt sie mich betrübt.

»Na hör mal! Der Typ wärmt dir doch den Sessel vor. Wenn ich es richtig verstehe, ist er bald weg vom Fenster und überlässt dir den Posten, den er geschaffen hat. Beförderung nennt man das. Der neue Kunde wird dich bei seinem neuen Projekt dabeihaben wollen. Hättest du diese Präsentation jemals gemacht, wenn der Typ nicht gekniffen hätte?«

»Nein«, antwortet meine Freundin etwas verwirrt.

»Du solltest eine Kerze für ihn anzünden.«

Nach einigem Nachdenken sagt sie lächelnd:

»So habe ich das noch nie gesehen.«

»Und wenn es so ist?«, frage ich.

Und was ist, wenn das Leben nicht so ist, wie du meinst? Wenn es seine Geschenke nicht in Schachteln mit Schleifen, sondern in Dornen verpackt liefert? Die Auster liegt dreißig Meter tief im Meer. Es kostet dich viel Mühe, um sie nach oben zu holen. Aber die Perle darin entschädigt dich für deine Mühen.

Oft rudern wir im Leben gegen den Strom. Die Strömung drückt uns stromabwärts, und wir schwimmen stromaufwärts. Wir werden müde, sind erschöpft, haben die Nase voll und werden schließ-lich krank. Und die Ironie dabei ist: Nichts von dem, was du willst, liegt stromaufwärts, sondern alles liegt stromabwärts. Manchmal brauchst du dich nur treiben zu lassen.

```
Das Leben ist nicht leicht.
Aber es ist einfach.
Wenn du die Regeln verstehst,
wird es leicht. So einfach ist das.
```

Ausflug ins Leben

Meine Mädchen und ich haben seit damals, als sie noch ganz klein waren, ein paar heilige Rituale. Es wäre einfacher, die Akropolis zu verrücken, als die Mädchen zu überreden, an diesen Ritualen etwas zu ändern. Jeden Freitagmorgen bringe ich sie zur Schule. Sie bezeichnen das als Ausflug. Und dieser Ausflug beinhaltet alles, was man sich nur vorstellen kann: Sie lachen, necken sich und singen, aber vor allem sind sie in Ausflugsstimmung.

Wir machen immer Halt bei ihrem Lieblingsladen, wo wir Süßigkeiten kaufen. Sie rennen um die Wette, wer von beiden zuerst dort ankommt. Jedes Mal entdecken sie etwas Neues und finden immer einen Anlass, um zu spielen und zu lachen.

Anschließend gehen wir bei der Kirche vorbei. Auf dem Hof vor der Kirche gibt es Katzen und Tauben. Die Mädchen geben allen Katzen gleich viel zu fressen, damit diese zufrieden sind. Immer wenn sie sie streicheln, schauen sie mich nachher staunend und begeistert an, als hätten sie noch nie zuvor eine Katze gestreichelt. Sie spielen mit den Tauben, die um sie herumflattern, wenn sie ihnen Brotbröckchen zuwerfen. Danach gehen sie schnurstracks in die Kirche, um Kerzen anzuzünden, und stellen diese wie Legosteine in Reih und Glied auf. Manchmal wickeln sie zwei Kerzen umeinander, sodass daraus eine entsteht. Wie der Stamm eines Olivenbaums. Sie lächeln sogar noch, wenn sie die Ikonen küssen und mit geschlossenen Augen ihr Gebet sprechen. Als wäre ihr Lächeln aufgemalt, wie ein immerwährendes Tattoo.

Nachher rennen sie zum Auto zurück. Wieder lachen sie, wieder necken sie sich, wieder herrscht Ausflugsstimmung. Kaum kommen wir bei der Schule an, wollen sie, dass ich zuerst aussteige, damit sie mir ihre Schultaschen zuwerfen können, so als würden wir Ball spielen. Und natürlich gibt es Wettrennen bis ins Klassenzimmer.

Diesen Sommer machten wir Ferien in einem Hotel mit einem großen Schwimmbad. An einer bestimmten Stelle fiel der flache Teil des Beckens plötzlich steil ab. Also dachten sie sich ein Spiel aus: Sie wateten scheinbar unbekümmert und ins Gespräch vertieft im seichten Wasser umher, rutschten dann plötzlich auf der steilen Schräge aus und gingen unter. Das haben sie sicher mehr als hundertmal gemacht. Langweilig wurde es ihnen nie, und sie waren glücklich.

> Wir altern nicht, weil die
> Jahre verstreichen.
> Wir altern, weil wir nicht
> mehr lachen.

Kinder spielen, egal was sie gerade tun. Sie lachen und finden alles lustig. Sie lachen aber nicht, wenn alles lustig ist, sondern *damit* alles lustig wird. Kinder lachen 300-mal am Tag, Erwachsene nur 15-mal, heißt es.

Kinder genießen das Leben.

Sie haben den Sinn des Lebens gefunden.

Sie existieren nicht nur.

Sie machen einen Ausflug ins Leben.

Jeden Tag.

Selbst an einem Montag.

Die Wasserflasche

Vermutlich hatte ich sie irgendwann neben meinem Bett stehen gelassen: eine kleine Plastikflasche mit etwas Wasser darin. Jeden Morgen sah ich sie, und sie sah mich. Ich sagte ihr Guten Morgen, und sie grüßte zurück. Aus irgendeinem Grund hatte ich sie nicht weggeräumt. Vielleicht aus Faulheit, vielleicht gab es aber auch keinen Grund.

Eines Morgens beschloss ich, sie woanders hinzustellen. Auch diesmal hatte ich keinen Grund dafür. Ich goss das Wasser in den Blumenuntersetzer und warf die Flasche in den Recyclingbehälter. Diesen Tag werde ich nie vergessen. Er war ohne Übertreibung einer der gelungensten Tage meines Lebens. Alles, was ich geplant hatte, geschah. Was ich mir vorgenommen hatte, erreichte ich. Ausgangspunkt war meine Geschichte »Starte mit Schwung in den Tag« gewesen. Ich hatte mir damit selbst eine starke Botschaft geschickt, vielleicht die stärkste: Mein Leben bestimme ich und nicht das Schicksal. Ich habe die Fäden in der Hand. Gemäß meinem eigenen Drehbuch. Mein Leben gehört mir. Ich lebe es, ich werde nicht gelebt.

Das Folgende ist eine wahre Begebenheit. Ein berühmter Redner sollte vor tausend Menschen einen Vortrag halten. Irgendwann hielt er einen Hundert-Dollar-Schein hoch und fragte: »Wer will ihn haben?« Viele im Publikum hoben die Hand. Er fragte noch einmal: »Wer will ihn haben?« Auch die übrigen hoben jetzt die Hand. Als er zum dritten Mal fragte, stand ein Mann auf und holte sich den Schein. Das ist Handeln. Als der Redner die anderen Zuhörer fragte, warum sie nicht aufgestanden waren, hatten alle eine Ausrede. Einer sagte, er habe zu weit weg gesessen. Ein anderer sagte, er hätte dazu seinen Nachbarn bitten müssen aufzustehen. Wieder ein anderer hatte sich geniert. Jeder von uns hat ausgefallene Ausreden, um nicht ins Handeln zu kommen, und je intelligenter du bist, desto intelligenter sind auch deine Ausreden. Handeln bedeutet, etwas zu tun, auch wenn man Angst oder keine Lust dazu hat. Handeln bedeutet, gegen dich selbst anzukämpfen, wenn es nötig ist. Handeln bedeutet, das Naheliegende zu tun. Nicht mit Worten, sondern mit Taten. Handeln bedeutet, den Mund zu halten, wenn es einfacher wäre, etwas zu sagen. Handeln bedeutet, früher aufzustehen, um deinen Tag zu organisieren. Handeln bedeutet, im Beruf alles zu geben, auch wenn du dafür nicht so viel Geld bekommst, wie du möchtest. Handeln bedeutet, für dich selbst zu sorgen.

Handeln bedeutet, dein Leben zu leben. Nicht, einfach dazusitzen und zuzusehen, wie es an dir vorbeizieht.

Für dich bedeutet Handeln vielleicht, wieder das Fitnessgerät zu benutzen, das nur noch herumsteht, oder einen geliebten Menschen anzurufen, der schon jahrelang darauf wartet, oder das Projekt wieder aufzugreifen, das schon lange in der Schublade verstaubt.

Egal, was es ist, fang mit kleinen Dingen an. Fang mit dem an, was andere Menschen für unbedeutend halten.

Wenn du die Welt verändern möchtest, fang bei dieser Plastikflasche an. Damit hast du schon den ersten Sieg des Tages errungen. Er wird dich stolz machen und dich zum zweiten und dritten Sieg führen.

Er wird dir helfen zu erkennen, dass die kleinen Dinge die großen Dinge sind. Wenn du die kleinen Dinge nicht erledigst, wirst du die großen nie erledigen können.

Diese Wasserflasche ist dein Energieschub für einen besseren Tag.

Diese Wasserflasche ist dein Leben.

»Ich wünsche Ihnen eine gute Woche!«

Montagmorgen. Wenn ich nicht mindestens zehn Minuten früher da bin, wo ich hinwill, gerate ich in Stress. Es hat viel Verkehr, vor allem unter dem Autobahnkreuz, bei der Wendeschleife. Das GPS sagt, dass ich ein bis zwei Minuten später ankommen werde. Langsam werde ich nervös. Und überall stehen die Straßenverkäufer, die mir etwas verkaufen oder einen Flyer durchs Fenster reichen wollen. Ich kurbele das Fenster hoch, um meine Ruhe zu haben.

Sie kam auf mich zu. Wie eine kühle Brise in der Sommerhitze. Ich konnte nicht genau sagen, was sie an sich hatte. Ich konnte sie noch gar nicht sehen. Jetzt war sie gleich da, und ich konnte ihre Statur besser erkennen. Groß. Kräftig. Drahtig. Nicht gerade hübsch. Zumindest nicht äußerlich. Eine junge Frau mit einem umwerfenden Lächeln. Sie verteilte Flyer. Überall, wo sie vorbeikam, gingen die Autofenster auf.

Sie trug eine Jeans und ein gebügeltes T-Shirt. Die Haare hatte sie ordentlich zusammengebunden. In einer Hand trug sie den Stoß mit den Flyern, mit der anderen verteilte sie sie.

Jetzt stand sie bei mir. Freundlich beugte sie sich vor und reichte mir einen Flyer. Ihr Lächeln war schöner, als ich gedacht hatte. Warm und herzlich. Auch dieses Lächeln gelangte in mein Auto, zusammen mit dem Flyer. Sie gab ihn mir mit einer leichten Handbewegung und lächelte mich an. Doch das Beste hob sie sich bis zum Schluss auf: »Ich wünsche Ihnen eine ganz schöne Woche!« Ich starrte sie an. Es war nicht das, *was* sie gesagt hatte, sondern *wie* sie es gesagt hatte. Du hast meine Woche schon gerettet, Mädchen. Das sagte ich aber nicht laut.

> Du bist nicht von Geburt
> an ein Gewinner,
> sondern du wirst einer.

Es kommt nicht darauf an, was du tust, sondern wie du es tust. Erfolg ist nicht das Ziel, sondern der Weg zum Ziel. Erfolg bedeutet nicht, einfach von A nach B zu fahren, sondern jedes Hindernis auf dem Weg dorthin zu meistern. Morgens früh aufstehen, duschen, Kaffee trinken, etwas lesen, lächeln, du sein. Es geht nicht um das »Was«, sondern um das »Wie«.

Fahre Auto wie ein Gewinner. Halte das Lenkrad fest. Vertrauensvoll. Fahre die Kurven aus. Bleibe auf deiner Fahrspur. Setze den

Blinker, wenn du die Spur wechselst. Aber bestimme du das Ziel und lasse dich nicht davon abbringen. Egal ob du Arzt, Lehrer oder Müllmann bist. Steuere durchs Leben wie ein Gewinner.

Jede Minute deines Lebens. Wie die junge Frau. Ich wette mit dir, dass sie diesen Job nicht lange machen wird. Diese junge Frau ist zu Höherem bestimmt.

Genauer gesagt, sie steht schon oben.

Hat das Leben Regeln?

JA, DAS LEBEN HAT REGELN.
Wenn du dir etwas vormachen willst, ist das etwas anderes.
Nudeln kannst du jedenfalls nicht ohne Wasser kochen.
Und wenn du dich noch so sehr bemühst.

DAS ZIEL DES MENSCHEN IST GLÜCK.
Glück kommt von innen.
Wenn du es teilst, vermehrst du es.
Dich mit anderen über ihr Glück zu freuen ist ein Segen.

DIE WICHTIGSTE INVESTITION
IST DIE IN DICH SELBST.
Wenn dein Krug leer ist, hast du nichts zu geben.
So sehr du auch willst.
Das, was wachsen soll, musst du vermehren.
Was dir nicht gefällt, musst du stutzen.
Du bist der Gärtner. Lass dir keine Märchen erzählen.

WER NUR DEN EIGENEN VORTEIL SUCHT,
WIRD LEIDEN.
Erfolg ist das eine, Glück das andere.
Lerne, sie mit anderen zu teilen.
Und wenn dir alle Paläste dieser Welt gehören würden:
Wenn du innerlich verarmt bist, nutzen sie dir auch nichts mehr.

DU KANNST DIR NICHTS VORMACHEN.
Anderen vielleicht.
Vor dir selbst kannst du dich nicht verstecken.
Du wachst mit dir auf und gehst mit dir schlafen.

DAS LEBEN IST HÖLLE UND PARADIES ZUGLEICH.
Das Leben ist eine Party. Sie enthält beides. Hiervon ein bisschen,
davon ein bisschen. Ein Freund sagte zu mir: »In der Hölle gibt es
einen Topf voller Essen. Aber die Löffel sind lang, und man kann
damit nicht essen. Auch im Paradies sind die Löffel lang. Aber dort
füttern sie sich gegenseitig.«

DEINEN TRAUM NICHT ZU EHREN IST EINE SÜNDE.
Dein Leben hier hat einen bestimmten Zweck.
Ignoriere ihn nicht.
Das bist du dir und anderen schuldig.

WER MISSERFOLG VERMEIDET, VERMEIDET
AUCH ERFOLG.
Fahrradfahren lernt man nie, ohne auch mal hinzufallen.
Deine Fehler sind deine Erfahrung.

HARTE ARBEIT WIRD BELOHNT.

Nach einigen tausend Stunden stehst du am Gipfel.

Die meisten hören schon nach zehn auf.

Menschen, die das haben, was du haben willst, haben nicht nur gute Beziehungen.

Diese Menschen haben die Ärmel hochgekrempelt.

Tu das auch!

GLÜCK GIBT ES NICHT.

Glück ist all das, was du *nicht* getan hast, um das zu bekommen, was du willst.

Es ist alles, was du dem Schicksal überlassen hast.

Dein Schicksal ist nur deine Ausrede.

Hör auf, dich rauszureden!

BLEIB IN BEWEGUNG.

So funktioniert das Universum – ob's dir passt oder nicht.

Ein Fahrrad fährt entweder, oder es fällt um. Ein Fahrrad, das von allein stehen bleibt, gibt es nicht. Nur wenn es eine Stütze hat.

Und wenn du es lange nicht benutzt, fängt es an zu rosten.

DEIN GLAUBE IST DEINE WURZEL.

Du entscheidest, woran du glaubst.

An Gott, an Jesus, an Mohammed, an Buddha, an dich.

Glaube an etwas.

Sonst wirft dich das erste Lüftchen um.

DEINE MEINUNG IST NICHT GESETZ.
Für dich vielleicht.
Das ist das Problem.
Ändere deine Meinung.
Und die Erde bewegt sich doch!

BEWEGUNG IST LEBEN.
Gehe, laufe, schwimme, tanze.
Tu, was dir gefällt.
Aber bewege dich.
Ohne Bewegung gibt es kein Leben.

DEIN LEBEN IST DIE BEZIEHUNG MIT DIR SELBST.
Du nimmst dich immer selbst mit.
Wenn du innerlich unglücklich bist,
wirst du überall unglücklich sein.
Auch im Paradies.

GELD STEHT FÜR ENTSCHEIDUNGSMÖGLICHKEITEN.
Bist du ein schlechter Mensch,
wirst du mit dem Geld Schaden anrichten.
Bist du ein guter Mensch,
wirst du schöne Dinge damit erschaffen.
Geld ist nicht das Problem.
Kein Geld zu haben ist nicht das Problem.
Sondern keine Ideen zu haben.

DAS LEBEN IST DIR NICHTS SCHULDIG.
Das Leben ist nicht gerecht. Oder eigentlich doch.
Es gibt dir, was du verdient hast, nicht das, was du brauchst.
Es gibt dir, was du forderst, was du erwirbst, was du
eroberst. Nicht das, was du dir erhoffst.

DAS GRÖSSTE RISIKO IST, NICHTS ZU RISKIEREN.
Wenn du nichts riskierst, bist du erledigt.
Du bist gestorben, und keiner hat dich gewarnt.
Benjamin Franklin hat einmal gesagt:
»Viele sterben mit 25,
werden aber erst mit 75 begraben.«
Genau das meinte er damit.

DU BESTIMMST NUR ÜBER DICH SELBST.
Versuche nicht, andere zu verändern.
Erst recht nicht deine Kinder.
Das ist eine Form von Gewalt.
Es gibt nur eine Art, wie du sie veränderst:
Ändere dich selbst.

DU WIRST ERNTEN, WAS DU GESÄT HAST.
Wenn dir das, was du erntest, nicht gefällt,
dann säe etwas anderes.
Du kannst nicht Tomaten säen und Gurken ernten.

DER MENSCH IST KEIN BAUM.
Er lässt sich verpflanzen.
Auf Social Media schreiben wir, wir würden uns bewegen,
aber wir tun es nicht.
Ein Augenblick genügt, um alles zu verändern.
Du musst es nur wollen.
Und daran arbeiten.

DAS LEBEN DAUERT NICHT EWIG.
Es dauert 1000 Monate.
Vergeude sie nicht.

DU HAST ZWEI OHREN UND EINEN MUND.
Das muss doch irgendeinen Grund haben.

DEINE KINDER GEHÖREN DIR NICHT.
Sie gehören sich selbst.
Mach dir das früh genug klar, dann wirst du dein Leben retten.
Und auch ihres.

WENN DU MIT DEN HÄNDEN IN DEN LEIM
FASST, BLEIBST DU DARAN KLEBEN.
Deine Wut wird *dich* umbringen, niemand anderen.
Konfuzius sagte: »Wer auf Rache aus ist, grabe zwei Gräber.«

FREUDE KANN MAN NICHT EINLAGERN.
Sie verdirbt schnell.
Du musst sie jeden Tag frisch neu machen.

DU BIST DIE GESCHICHTE, DIE DU ERZÄHLST.
Wenn du sie veränderst, verändert sich dein Leben.
Wenn dir dein jetziges Leben nicht gefällt,
dann erzähle eine andere Geschichte.
Du hast das Papier und den Stift.

DU BESTIMMST DEIN SCHICKSAL.
Der Wind bläst für alle gleich.
Es kommt darauf an, wie du deine Segel setzt.
Setze sie richtig.

WER NICHT FRAGT, BEKOMMT AUCH NICHTS.
Wenn du etwas haben willst, frage danach.
Wenn du dich beschweren willst, sprich es aus.

WAS DU IM AUSSEN ERLEBST, ERLEBST DU AUCH
IM INNEREN.
Wie innen, so außen.
Nikos Kazantzakis sagte: »Die Sonne geht in deinem Kopf auf,
und sie geht in deinem Kopf unter.«

JE WEITER DU KOMMST, DESTO WENIGER WEISST DU.
»Ich weiß, dass ich nichts weiß.«
Das sagte Sokrates, der größte Denker aller Zeiten,
und der musste es ja wissen.

ES GIBT NUR DAS JETZT.
Lebe nur im Jetzt.
Sei im Jetzt.
Das Gestern und das Morgen sind Erfindungen deines Verstandes.

DAS LEBEN IST KEIN KOPIERGERÄT.
Kopiere nicht das Leben der anderen.
Erschaffe dir dein eigenes.

DU BEKOMMST, WAS DU GIBST.
Vielleicht von anderswo her.
Das Leben ist wie Buchhaltung.
Es sorgt immer für Ausgleich.

FREIHEIT IST DEINE PERSÖNLICHE ANGELEGENHEIT.
Manche sind in ihrem Reichtum gefangen.
Doch Mandela war in seiner Zelle frei.
Du bist dein Gefängniswärter, du bist auch dein Befreier.

JEDE GROSSE REISE BEGINNT MIT DEM ERSTEN SCHRITT.
Mach diesen Schritt.
Jetzt, nicht morgen.

ES GIBT NUR LIEBE.

Der Fünf-
Euro-Schein

Dienstag und Donnerstag sind unsere besten Tage. Ich hole die Mädchen von der Schule ab, und dann unternehmen wir gemeinsam etwas. Jedes Mal etwas anderes, so eine Art Überraschung. Die Jüngere kommt vor der Älteren aus der Schule, und dann setzen wir uns zusammen und denken uns mit ihren Freundinnen Spiele und Quizze aus, während wir warten.

Ich hatte ihn schon einmal gesehen, aber nur flüchtig. Graues Haar. Ein aufrichtiger Mensch. Fremdländische Züge. Sympathisch und sehr fleißig. Der Mann, der die Klassenzimmer saubermacht. Wenn wir etwas brauchten, war er immer hilfsbereit gewesen. Aber miteinander gesprochen hatten wir noch nie. Ich kannte seinen Namen nicht und er meinen nicht.

Ich spielte mit den Kindern Ball, als er hinzukam und mich fragte: »Gehört der vielleicht Ihnen?«

Zuerst beachtete ich ihn nicht.

»Ist der von Ihnen?«

»Was?«

»Ich habe einen Fünf-Euro-Schein gefunden, gehört er vielleicht Ihnen?«

»Nein«, antwortete ich mechanisch und spielte weiter.

Später verstand ich, was er gemeint hatte, und so fragte ich noch einmal nach.

»Ich habe ihn an der Zentrale abgegeben«, sagte er.

Ich sprach mit den Mädchen darüber und versuchte, ihnen zu erklären, was für eine Größe dieser Mann besaß. Sicher hatte er nicht viel Geld. Er hätte hundert Gründe gehabt, den Geldschein einzustecken. Niemand hätte es gemerkt. Und dennoch hatte er sich dafür entschieden, ihn abzugeben.

Er tat es sich selbst zuliebe, damit er ruhig schlafen konnte und ein reines Gewissen hatte. Damit er den Kindern in die Augen schauen konnte. Später machte ich mich auf die Suche nach ihm.

»Wie heißt du?«

»Spiros«, antwortete er zurückhaltend.

»Meinen Glückwunsch, Spiros!«

»Warum?«, fragte er verdutzt.

»Für das, was du getan hast.«

»Was habe ich denn getan?«

»Du hast den Geldschein abgegeben.«

»Er gehörte mir doch nicht!« Wieder war er verdutzt.

Solche Menschen sind Helden.
Sie sind es, die uns und
unseren Kindern Werte vermittel

Die Säge

Ich lernte ihn in der sechsten Klasse Grundschule kennen und er sollte mein erster Mentor werden. Er war Lehrer und wohnte irgendwo in Pasalimani. In seinem Haus gab es keine Wände, nur Bücher. Kein Zentimeter Wand war mehr frei. Unzählige Bücher, wie eine Tapete, eine kostbare Tapete. Das Haus roch nach Büchern. Bücher haben einen ganz besonderen, ja magischen Geruch. Damit sie ihren Geruch verströmen können, müssen es viele sein. Diesen Geruch fand ich neulich im Büro eines Freundes wieder, der Literaturagent ist. Er besaß tausende von Büchern. Seit jener Zeit hatte ich diesen Geruch nicht mehr in der Nase gehabt. Ich war gerührt.

Dieser Lehrer also sollte mein ganzes Leben verändern. Ich hatte mit ihm vor allem im Fach »Aufsatz« von der sechsten Klasse Grundschule bis zur dritten Klasse Gymnasium zu tun. In diesem Fach ging es nicht in erster Linie darum, Aufsätze zu schreiben, vielmehr waren es Lektionen fürs Leben. Jedes Schuljahr stellte mir dieser Lehrer ein Dutzend hervorragende Bücher vor. An Sommertagen saß ich bei geschlossenen Fensterläden in meinem Zimmer, durch das der Duft von Jasmin wehte, und meine Seele blühte auf.

Ich war immer mit einem Buch anzutreffen. Als wäre es Honig. Ich beugte mich vor und leckte ihn auf. Jeden Nachmittag tauchte ich in die Magie der Bücher ein und konnte nicht mehr aufhören. Nur wenn ich hörte, wie mich meine Freunde am Spätnachmittag zum Ballspielen auf dem improvisierten Sportplatz riefen, konnte ich mich für kurze Zeit losreißen – bis zum nächsten Nachmittag. Auch als ich älter wurde, ließ ich mich von Büchern verzaubern und tauchte weiter in ihre Magie ein. Sie sollten Nahrung für meine Seele werden. Ich lernte, meiner Seele täglich Nahrung zu geben, auch wenn es nur ein bisschen war. Selbst heute füttere ich lieber meine Seele als meinen Magen. Heutzutage bestehen Bücher nicht mehr nur aus Papier. Es gibt E-Books und Hörbücher. Aber magisch sind sie immer noch.

```
Immer wenn du ein Buch fertig
gelesen hast, bist du nicht mehr
derselbe wie der, der angefangen
hat, es zu lesen.
```

Du bist älter, besser, weiser. Ein Buch führt dich an andere Orte, es bringt dich weiter, es verzaubert dich. Es bringt dir bei, bis zum letzten Tag deines Lebens zu lernen, so als wärst du ein Erstklässler. Mehr Wissen sorgt für bessere Entscheidungen. Bessere Entscheidungen führen zu besseren Ergebnissen. Bessere Ergebnisse bedeuten ein besseres Leben. So einfach ist das.

Wer lesen gelernt hat, aber nicht liest, ist nicht viel anders als ein Analphabet. Leider lesen viele Menschen nicht. Irgendwann haben sie aufgehört, sich weiterzuentwickeln und Neues dazuzulernen.

Sie sind immer in Eile und gestresst und drehen durch. Man sagt zu ihnen: »Mach doch mal langsam. Denk mal nach. Ändere die Richtung. Lies ein Buch. Informiere dich. Probiere etwas Neues aus. Mach einen Schritt nach vorn.« »Keine Zeit«, sagen sie dann. Keine Zeit, aber zum Fernsehen haben sie genug Zeit.

Es waren einmal ein Holzfäller und sein Freund. Der Holzfäller versuchte unter großen Anstrengungen, einen Baum mit der Säge zu fällen.

Er sägte immer heftiger und strengte sich noch mehr an. Aber die Säge durchschnitt den Baumstamm nicht. Sie war stumpf. Der Holzfäller aber sägte weiter.

»Hey«, sagte sein Freund zu ihm. »Diese Säge sägt nicht. Du musst sie schärfen.«

»Keine Zeit«, sagte der Holzfäller.

»Dazu habe ich keine Zeit.«

Gräfin Koks

Vor einigen Jahren hatte ich mich mit einem Freund in einem netten kleinen Restaurant verabredet. Ich bin, wie üblich, schon eine Viertelstunde vor dem Treffen da, setze mich hin und beobachte die Gäste.

Am Nebentisch sitzt eine Dame um die fünfzig, eine sogenannte feine Dame. Sie wirkt hochnäsig, wie Gräfin Koks. Von Kopf bis Fuß in sehr teure Klamotten gekleidet, die vermutlich mehrere tausend Euro gekostet haben. Einer von den Menschen, die einem schon die Laune verderben, wenn man sie nur sieht. Die nur an sich denken, an ihr Haus, ihre Kinder. Und natürlich an ihr Auto. Sie stehen mir bis hier. Schon ihr Anblick verdirbt mir die Laune.

Da kommt ein älterer Losverkäufer herein. Er ist um die 80, nicht übertrieben. Groß, hager, gebückt, mit Gehstock. Ich sehe ihn noch genau vor mir. Er steuert den Tisch dieser Dame an. Ich weiß, was gleich passieren wird: Sie wird ihn von oben herab behandeln. Aber das will ich sehen, und so beobachte ich sie heimlich. Nervös steht sie auf, um ihn zu begrüßen. Sie bietet ihm den Stuhl neben ihr an und zieht ihn für ihn zurück, damit er sich leichter setzen kann. Der Losverkäufer ist perplex. Ich auch. Er setzt sich. Sie schenkt ihm ein Glas Wasser ein. Der Alte trinkt es aus und bedankt sich bei ihr. Danach reicht sie ihm die Speisekarte, damit er etwas bestellen kann. Wieder bedankt er sich, gibt sie ihr aber zurück. Er ist immer noch irritiert. Er bleibt kurz sitzen, um sich auszuruhen. Sie reden miteinander, aber ich kann es nicht hören.

Dann sehe ich, wie er der Dame Lotterielose gibt. Viele Lose. Eins nach dem anderen, immer mehr. Sie muss ihm die Hälfte der Lose abgekauft haben.

Aber ich habe etwas sehr Wertvolles gelernt: nicht zu urteilen, sondern nur zu lernen.

Schließlich stehen beide auf. Gräfin Koks begleitet ihn noch ein paar Schritte hinaus. Der Losverkäufer grinst über beide Ohren und schüttelt beim Hinausgehen fassungslos den Kopf. Die Dame ist noch glücklicher. Die Freude ist ihr am Gesicht abzulesen, an ihrer Seele, ja sogar an ihrem sündhaft teuren Designerkostüm …
Ich lache in mich hinein, damit mir nicht der Kragen platzt.
Jetzt ärgere ich mich nämlich so richtig über mich selbst, nicht über diese außergewöhnliche Dame.
Urteilen und Lernen passen nicht zusammen.

So wenig wie der Teufel und das Weihwasser.

Die Toilettenspülung

Es ist mein Lieblingslokal. Ich gehe schon seit Jahren hin und habe immer noch nicht herausgefunden, ob es wegen des Essens, wegen der Leute oder wegen der therapeutischen Wirkung ist. Vielleicht alles zusammen. Ganz sicher wegen des Gefühls, das ich habe, wenn ich mit Unbekannten am Tisch sitze und mich ihnen zum Schluss verbunden fühle.

Ich führe mich oft dorthin aus und lade mich selbst ein. Das Essen ist immer gut und preiswert. Ich entscheide jedes Mal spontan, was ich essen und wo ich sitzen möchte. Je nach meiner Laune und was es zu sehen gibt.

Heute wollte ich gefülltes Gemüse essen und wurde gefragt, ob ich Feta dazu wolle. Ich war einverstanden. Bedächtig genoss ich mein Essen, ließ meine Blicke schweifen und kam zur Ruhe. Ich lauschte in mich hinein und war in bester Stimmung.

Zum Schluss ging ich zur Toilette. Die Tür stand halb offen. Jemand war drin. Ich brauchte nicht lange zu warten. Ein großer, bärtiger Mann kam heraus und lächelte mich freundlich und ein bisschen verlegen an, wie in solchen Situationen üblich. Ich lächelte zurück.

Ich betrat die Toilette. Er hatte die Spülung nicht betätigt. Das missfiel mir. Ich geriet ins Nachdenken und fragte mich, wie der Rest seines Tages – und vielleicht auch der Rest seines Lebens – wohl verlaufen wäre, wenn er die Spülung betätigt hätte.

Wir leben unser Leben auf Autopilot. Wir machen uns die Folgen unseres Handelns oder Nichthandelns nicht klar. Und doch sind wir das, was wir entscheiden. Auch wenn es ganz unbedeutend zu sein scheint.

Dein Leben ist das, was du tust, wenn du allein bist. Wenn keiner hinschaut.

Du kannst allen etwas vormachen, aber nicht dir selbst. Es ist wichtig, dass du dich im tiefsten Inneren richtig gut fühlst. Nicht an der Oberfläche des Sees, wo ein Kieselstein die Wasseroberfläche kräuselt, sondern in der Tiefe. Dort, wo er schließlich liegen bleibt. Sorge dafür, dass du die Welt besser zurücklässt, als du sie angetroffen hast. Aber achte vor allem darauf, dich selbst zu verbessern. Diese beiden Dinge gehen nämlich Hand in Hand.

Vielleicht sagst du jetzt: Ich kann auch leben, ohne die Spülung zu betätigen. Da hast du recht. Es geht darum, wie gut du leben willst. Natürlich wirst du ankommen, aber es geht darum, wo. Wenn du nur auf die andere Straßenseite willst, ist alles in Ordnung. Doch wenn du den Gipfel des Berges erreichen willst, genügt das nicht.

Um dorthin zu gelangen, musst du zuerst auf dem Gipfel *deines* Berges angekommen sein – deines inneren Berges.

**Und um dorthin zu kommen,
wirst du die Spülung betätigen müssen,
lieber Freund.**

Der Geburtstag

Es ist, als wären wir hypnotisiert. Wir stehen mechanisch auf, fahren mechanisch Auto, arbeiten mechanisch, wir denken nicht, fühlen nicht, wechseln ein paar leere Worte, sehen fern, sind gern auch ein bisschen auf Social Media unterwegs, um uns zu entspannen, und dann ab ins Bett. Dann klingelt wieder der Wecker, und die Routine wiederholt sich. Bei den Bären nennt man das Winterschlaf. Doch dann gibt es Tage, da scheint es, als wären wir neugeboren und wären lebendig. Als würden sie uns einen Gefallen tun. An Geburtstagen, in den Ferien, an Weihnachten, Neujahr und Ostern. Ja, und manchmal auch, wenn die Nationalmannschaft gewinnt.

Und dann strömen wir alle mit Fähnchen auf Facebook, so wie man in den Achtzigerjahren bei politischen Versammlungen auf die Straße ging, wir stehen im Stau, hupen, feiern, machen lustige Fotos, sind in Partylaune, wünschen einander alles Gute, führen schöne Gespräche, finden lobende Worte. Als hätte der große Maestro den Feierstab ausgepackt. Aber nur für einen Tag, wie ein Schmetterling.

Eine Minute nach Mitternacht kehren alle wieder in den Alltag zurück, wie bei Aschenputtel: Raus aus den Tanzschuhen, rein in die

Lumpen. Schalte die Nachrichten ein, zieh dir die Katastrophen-
meldungen wieder rein, sei trübsinnig, mach beim Autofahren ein
langes Gesicht. Und wenn es noch dazu bewölkt ist … Da kann
man nichts machen. Wieder Begräbnisstimmung. Alle zusammen.
Im Chor.

In der Grundschule haben wir gelernt, dass das Jahr 365 Tage hat.
Was wir aber nicht gelernt haben, ist, dass jeder Tag ein Geschenk
ist. Jeder einzelne Tag ist ein Geburtstag. Geburtstage sind in deinem Herzen, sie stehen nicht im Kalender. So wie das Leben. Bei
den alten Kalendern gab es für jeden Tag ein Kalenderblatt mit
einem Wunsch. So ist es auch mit dem Leben. Jeder Tag hält ein
Geschenk bereit. Pack es aus und freu dich darüber.

Erst wenn es zu spät ist, wirst du merken, was dir entgangen ist:
die Freude, die du nicht erlebt hast, die Liebe, die du nicht geteilt
hast, die Dankbarkeit, die du nicht verspürt hast, die Schönheit,
die du nicht gesehen hast, das Gute, das du nicht getan hast.

All diese Dinge waren immer da, aber du warst nicht da. Nur am
Geburtstag, an Weihnachten und Ostern hast du an ihre Tür ge-
klopft, und sie haben dir gern und fröhlich aufgemacht.

> Erst wenn du dem Tod nahe bist,
> weißt du, was Leben bedeutet.

Es war einmal ein sehr, sehr weiser Prinz aus Indien. Er hatte begriffen, dass das Leben ein tägliches Fest ist. Doch das wollte er nicht vergessen und ließ sich deshalb jeden Tag von seinen Dienern daran erinnern. Jeden Morgen nach dem Aufwachen legte er sich in einen Sarg, und sie beweinten ihn. Am Schluss der Zeremonie stieg er aus dem Sarg und feierte ein Fest. Er lebte sein Leben. Jeden Tag.

Fang heute an, dein Leben zu leben – jeden Tag.

Jeder Tag ist dein Geburtstag.

Ein »echter« Grieche

Er saß hinter mir. Ich konnte ihn nicht sehen, aber hören. Es war einer von denen, die man hört, bevor man sie sieht. Seine kleine, etwa zehnjährige Tochter saß neben ihm. Er war ein guter Vater, aber einer der alten Schule. Einer von denen, die reden, aber nicht zuhören. Aus einer Schule, die meint, das Universum sei uns etwas schuldig, nur weil wir Griechen sind. Früher hätte man ihn als »stolzen Griechen« bezeichnet. Heute würde man »großspurig« sagen.

Ich saß beim Notausgang, sodass ich genug Platz vor mir hatte. Neben mir saß ein amerikanisches Paar um die dreißig. Nette Leute, aber nicht sehr gesprächig. Vorn im Türbereich standen ein paar Leute, um ihre Glieder zu strecken, die auf dem Transatlantikflug ganz steif geworden waren.

Der »echte« Grieche reiste mit drei, vier anderen befreundeten Familien privat nach New York. Die Väter in der Gruppe trafen sich ständig im Türbereich, um zu palavern. Über Männerthemen. Alle waren schwarz gekleidet und trugen Socken, wie man sie von der Flugbegleiterin bekommt. Ein bisschen war es das Bier und ein bisschen das griechische Temperament – jedenfalls konnte man nicht gerade sagen, dass es leise zuging. Meine Sitznachbarn wollten sich nach dem Essen entspannen und fühlten sich gestört, ließen es sich jedoch nicht anmerken. Die griechischen Väter quasselten und lachten weiter und klopften sich ausgelassen auf die Schultern. Wie zu Hause.

Irgendwann einmal zog sich mein »Kommandant« zurück, um sich auszuruhen. Seine drei »Soldaten« führten ihre Unterhaltung laut weiter. Kurz darauf kam einer von der Crew und bat sie, sich hinzusetzen. Einer der drei verpetzte ihn beim »Kommandanten«.

»*Was* hat er gemacht??«, regte dieser sich auf, als wäre bei ihm eingebrochen worden. Mit vollem Mund und gerunzelten Augenbrauen sprach er weiter: »Ich hab's nicht verstanden … soll er doch kommen und es mir selber sagen, wenn er Eier hat.« Seine Tochter saß immer noch neben ihm. »Den habe ich gleich richtig eingeschätzt, diesen Arsch …« Inzwischen machten sich der Alkohol und die griechische Geschichte bemerkbar. So etwas lässt ein Grieche sich nicht bieten.

Es überraschte mich nicht, aber es machte einen ganz schlechten Eindruck auf mich.

Unser Schicksal ist, dass
wir eine große Seele haben,
aber ein kleines Hirn.

Doch es fällt uns nicht ein, daran etwas zu ändern. »Ich ändere mich nicht. Ob es dir passt oder nicht.« Wir sind nicht erwachsen geworden, weder als Individuen noch als Kollektiv. Wir können gut

Tore schießen, aber noch besser Eigentore. Wir sehen die Dinge nicht, wie sie sind, sondern so, wie wir sie gern sehen möchten. Und statt darüber traurig zu sein, sind wir stolz darauf. Wegen einer Lappalie zücken wir den Säbel. Wir reden einfach drauflos, ohne vorher unser Hirn einzuschalten. Wir sind sehr streitlustig. Die Welt spielt mit der Atombombe und wir noch mit Hacke und Schaufel.

Der Monolog ging weiter, als wäre er ein Politiker aus den 80er Jahren, der eine Rede hält. »Frag ihn, wo das in den Regeln steht.« Er holte tief Luft. »So ein Arsch …« Und dabei rollte er das »R«.

Die Kleine saß immer noch neben ihm. Die drei und ihr »Kommandant« unterhielten sich lautstark weiter, über die Köpfe des netten Pärchens hinweg. In einem ausländischen Luftraum. Wenn jemand ein Recht hatte zu protestieren, dann das amerikanische Pärchen. Aber sie taten es nicht.

Irgendwann leuchtete das Lämpchen für die Sicherheitsgurte auf, denn wir kamen durch ein Gebiet mit Turbulenzen.

Der »Kommandant« fuhr hoch:

»Siehst du, das hat er jetzt absichtlich gemacht!«

Ich wusste nicht, ob ich lachen oder weinen sollte.

**Ja, manchmal ist es schlecht,
Grieche zu sein. Nämlich dann,
wenn man zum »echten« Griechen wird.**

Die Hand Gottes

Ich war wirklich außer mir, vielleicht sogar schlimmer als das. Ich tippte meine Nachricht ein, als würde ich auf dem Schlachtfeld mit einer Kalaschnikow herumballern. Jeder Buchstabe war ein Schuss. Meine Nachricht war lang, verletzend, heftig und wütend. Sehr wütend. Ich las sie mehrmals durch, bevor ich sie abschickte. Nicht, um sie zu überprüfen, sondern mehr, um sie zu genießen, jedes Mal ein bisschen mehr. Und dann kam der Moment, wo ich lustvoll auf »Senden« drückte. So wie Kim aus Nordkorea es wohl tun würde: großspurig und selbstgefällig. Ich hatte ein 4G-Netz und besten Empfang. Es konnte also gar nichts schiefgehen. Die Nachricht ging raus.

Doch gleich danach erschien auf dem Display meines Handys aus irgendeinem Grund ein rotes Signal: Die Nachricht war nicht rausgegangen.

Schon wollte ich wieder den »Senden«-Button rechts davon drücken, um die Rakete neu zu starten. Mein Finger fuhr wieder zu dem roten Atomknopf, aber diesmal drückte ich nicht drauf. Früher hätte ich sofort wie wild darauf herumgedrückt, aber diesmal sagte etwas in mir, ich solle es nicht tun. Die Nachricht war aus einem unerklärlichen Grund nicht rausgegangen. Als hätte mir jemand eine zweite Chance gegeben, damit ich noch einmal darüber nachdachte und es mir anders überlegte.

Diesen kleinen Jemand kenne ich schon. Immer in solchen verrückten Momenten taucht er auf, und er täuscht sich nie.

Schnell überlegte ich, welche Konsequenzen meine Nachricht gehabt hätte. Es wäre ein Riesenfehler gewesen, sie abzuschicken.

> Worte und Steine haben etwas gemeinsam: Wenn sie einmal unterwegs sind, kann man sie nicht mehr zurückholen.

Ich werde nach dem Typen suchen, der das gesagt hat, und ihn bitten, auch die schriftliche Nachricht hinzuzufügen.

Wenn du so eine Nachricht versendest, kommt sie nicht mehr zurück, auch wenn du dein Handy ausschaltest und den Akku herausnimmst. Die Rakete ist schon unterwegs.

Ich dachte darüber nach, wie unreif und katastrophal es gewesen wäre, wenn ich der anderen Person den Krieg erklärt hätte. Ich hätte sie auch gezwungen zu reagieren, und der Krieg wäre nie zu Ende gewesen. Wir hätten ihn alle beide verloren, und alle Friedensbemühungen am nächsten Tag wären zum Scheitern verurteilt gewesen.

Ich dankte jenem unsichtbaren kleinen Jemand herzlich dafür, dass er mich beschützt hatte. Ich weiß nicht, woher er kam, doch ich habe ihm versprochen, auch in Zukunft auf ihn zu hören. Als ich klein war, redete meine Großmutter immer von der Hand Gottes. Wahrscheinlich hat sie das damit gemeint.

**Ach, liebe Oma,
wie recht hattest du doch!**

Du sollst antworten, nicht reagieren

Du spielst Tennis. Dein Gegner macht einen Aufschlag. Du triffst den Ball nicht, und er fliegt aus dem Feld. Wenn du das zulässt, holt er den Punkt. Aber du jagst dem Ball hinterher, läufst bis zur Tribüne. Mit Müh und Not erwischst du ihn und schlägst ihn zurück. Diesmal stärker, zielloser. Dein Mitspieler macht dasselbe. Der Ball fliegt noch weiter. Die Geschichte geht weiter, und der Wahnsinn auch.

Deine Frau ist genervt und macht eine dumme Bemerkung zu dir. Als ob dir das noch nie passiert wäre! Statt den Ball übers Feld hinausschießen zu lassen, jagst du ihm hinterher und wirfst ihn zurück. Deine Frau schlägt zurück. Nach dem Schlagabtausch seid ihr beide erschöpft, wütend und völlig fertig. Der eine will den anderen nicht mehr sehen. Und sich selber auch nicht.

Stell dir dieselbe Geschichte im Büro vor, unterwegs, auf der Bank. In einem bekannten Gleichnis sagte Jesus: Wenn man dich auf die rechte Wange schlägt, dann halte auch die linke hin. Genau das meinte er damit. In der Schule lachten wir damals darüber, weil wir es nicht besser wussten.

Schalte erst dein Gehirn ein,
bevor du sprichst, sagte man früher.
Zähle bis zehn, bevor du
antwortest - f a l l s eine Antwort
überhaupt nötig ist.

Irgendwo habe ich mal gelesen, dass sich das englische Wort »responsible« (»verantwortlich«) aus den Wörtern »able« (»fähig«) und »to respond« (»antworten«) zusammensetzt. Der Mensch antwortet, Tiere reagieren.

Es gibt eine Zeit für den Aufschlag und eine für die Antwort. Eine Zeit, um den Ball über die Spiellinie hinausschießen zu lassen, und eine Zeit, um ihn zurückzuschlagen. Manchmal erwischst du ihn im Flug und manchmal nach dem Aufprall, mal mit mehr, mal mit weniger Kraft. Mal nah an der Linie und mal in der Mitte des Spielfelds. Es kommt der Zeitpunkt, um deinem Mitspieler zu gratulieren, der Zeitpunkt, um mit ihm zu sprechen. Und der Zeitpunkt, ihn in Ruhe zu lassen.

Lerne, den Ball richtig zu werfen.

So wie im Leben.

Wenn du ins Finale kommen willst.

Der Superpapa

Beim Boarding überholte ich ihn, ohne ihn wahrzunehmen. Ich sah ihn erst wenig später im Gang, als er den Kopf umdrehte, um zu sehen, was seine kleinen Söhne machten. Auch den Oberkörper hatte er ihnen zugewandt, um ihnen näher zu sein. Mir kam es übertrieben vor, aber es war schön und zärtlich.

Er war Ausländer, um die vierzig, klassisches Polohemd mit hochgestelltem Kragen. Er hatte grau meliertes Haar und trug eine dünne Hornbrille. Seine Augen besaßen einen natürlichen Charme und strahlten Liebe und Wärme aus. So viel Wärme, wie seine Kinder brauchten – nicht mehr, aber auch nicht weniger. Als wäre sein Blick auf die richtige Temperatur eingestellt. Sein Blick war sanft und zärtlich. Immer wenn er ihn über die Kinder schweifen ließ, war es, als würde er sie nicht anschauen, sondern streicheln. Fürsorglich, aber auch hingebungsvoll, doch vor allem mit Respekt.

Er wollte weder abchecken, was sie taten, noch sie kontrollieren. Er war interessiert und zugewandt und hörte ihnen aufmerksam zu. Ohne sie zu stören, ohne in ihren Lebensraum einzudringen. Meistens stellten die Kinder ihm Fragen, so wie man seinen Mentor fragen würde oder jemanden, den man sehr respektiert. Und er hörte ihnen aufmerksam zu, ohne sie zu unterbrechen und ohne

sofort eine Antwort zu geben. Manchmal musste er zuerst überlegen und zeigte dies auch, indem er den Kopf senkte, um nachzudenken. Ich beobachtete ihn so diskret wie möglich. Der Superpapa hatte mir mein Herz gestohlen.

Irgendwann stand er auf und kam an mir vorbei. Er roch gut. Er
besaß Stil und Charme. Er wollte weiter nach hinten gehen, hatte
sich vorher aber noch zu den Buben hinuntergebeugt, um zu sehen,
was sie machten. Beim Weggehen fuhr er ihnen zärtlich durchs
Haar – wieder behutsam. Nicht mehr, als ihnen recht gewesen
wäre.

Dann kam das Abendessen. Die ganze Familie hatte ein vegetari-
sches Gericht bestellt, das von der Flugbegleiterin gebracht wurde.
Wieder sorgte er zuerst dafür, dass die Buben anfingen zu essen,
nachdem er sie gefragt hatte, ob sie etwas bräuchten. So wie man
es mit einem geschätzten Gast zu Hause machen würde. Einer der
Buben stellte sofort fest, dass andere Passagiere Makkaroni bekommen hatten. Er fragte seinen Papa, ob er auch welche haben
könne, und dieser gab die Bitte höflich und mit einem Lächeln an
die Flugbegleiterin weiter. Sie antwortete freundlich, sie müsse erst
abwarten, ob am Ende noch etwas übrig sei. Der Papa erklärte dies
wiederum seinem Sohn, der die ganze Zeit wie auf Kohlen saß.
Als die Flugbegleiterin bei den hintersten Sitzreihen angelangt war,
ging der Superpapa diskret zu ihr, um sie daran zu erinnern, aber
es waren keine Makkaroni mehr übrig.

Er ging zurück, beugte sich liebevoll zu seinem Sohn hinunter und
erklärte es ihm, so wie man es dem wichtigsten First-Class-Passa-
gier erklären würde. Zum Schluss drückte er ihm mit geschlossenen Augen einen zärtlichen Kuss auf die Wange, während er mit
der anderen Hand den Kopf des Buben hielt.

Er war kein typischer Papa. Man hätte meinen können, er trüge einen unsichtbaren Magneten in sich, der seine Kinder anzog. Seine Berührungen, aber auch sein Blick waren magisch. Selbst wenn er die Kinder weder berührte noch sah, hätte man meinen können, dass er sie in ein unsichtbares, undurchdringliches Gewand gehüllt hatte. Schutzmantel nannten wir das früher beim Gamen, und es machte uns unbesiegbar.

Solche Väter sehe ich nicht oft, und ich bin zu dem Schluss gekommen, dass wir selbst dafür verantwortlich sind. Oft ist uns die Tragweite unserer Rolle als Elternteil nicht bewusst.

> Wir versuchen, unsere Kinder gewaltsam in die Welt zu führen, statt uns auf ihre magische Welt einzulassen.

Oft begegnen wir ihnen nicht auf Augenhöhe, sondern von oben herab, so wie es in der Armee üblich ist. Wir schimpfen mit ihnen und hören ihnen nicht zu. Wir stehen neben ihnen, sind aber nicht bei ihnen, sondern mit unseren Gedanken oder unseren Gadgets beschäftigt.

Vater zu sein ist etwas Großartiges. Dieser Superpapa hat mich an jenem Tag im Flugzeug wieder daran erinnert.

**Der mit dem hochgestellten Kragen
und dem wunderbaren warmen Blick.**

Die Muttergottes sei mit dir

Ich sah ihn aus dem Augenwinkel, als ich die Kurve hochfuhr. Er saß auf den Stufen vor der Fabrik, korpulent, erschöpft und dreckig von der Arbeit. Sein Akku war offensichtlich leer. Ich saß allein im Auto und fuhr näher hin, um zu schauen, ob er mir ein Zeichen geben würde, ihn mitzunehmen. Fast immer nehme ich jemanden mit. Jeder hat etwas zu erzählen, eine Geschichte, eine Erfahrung, ein Lächeln. Ich fühle mich danach immer besser.

In letzter Minute stand er auf und winkte mir zu, solange er konnte. Ich hielt an. »Wohin fahren Sie?« Auf der Insel Amorgos gibt es ohnehin nur eine einzige Straße von hier nach unten. »Nach Kamari«, antwortete er und stieg ein. Er passte nur mit Mühe auf den Sitz. Er war dicker, als ich dachte. Und müder. Lust, viel zu reden, hatte er nicht. Wie sollte er auch, der Arme, nach einem anstrengenden Acht-Stunden-Tag auf den Beinen? Das Piepsen des Sicherheitsgurts brach das Schweigen. »Sie müssen sich anschnallen«, sagte ich. Er reagierte nicht. Das Piepsen hörte nicht auf und wurde immer lauter. Ich war ratlos. Nach drei, vier Minuten hörte es endlich auf, und unsere Ohren kamen zur Ruhe.

»Sind Sie von hier?«

»Ja.«

»Wohnen Sie in Kamari?«

»Ja.«

»Ist im Winter auf der Insel etwas los?«

Das brachte ihn zum Reden.

Er erzählte mir etwas über die 1500 Einwohner. Über die Schule im Hauptort und den Bus, der die Kinder von ganz Amorgos hin- und wieder heimbrachte. Über die Recyclingfabrik, in der er arbeitete. Er lächelte sogar ein paarmal.

Ich hatte schon bessere Gesellschaft als ihn, dachte ich und lächelte innerlich.

Teilen ist etwas Schönes.

Mach die Tür auf – nicht nur die Autotür – und lass die Menschen herein. Verbinde dich mit ihnen. Diese Verbindung macht dich zu einem Menschen. Sieh, wie ein Lächeln das Gesicht des anderen erhellt, vor allem bei einem Fremden. Als würde sich das ganze Universum erhellen und der Horizont sich mit Farben füllen. Und dein Herz auch.

In der Neurowissenschaft ist inzwischen dokumentiert, wie wichtig Freundlichkeit ist. Früher nannten wir es gute Taten. Kümmere dich um deinen Nächsten.

Heb eine leere Flasche vom Boden auf. Überrasche deine Liebsten. Sag einem Fremden etwas Nettes. Hilf dem, der Hilfe braucht.

Bei all dem wird Dopamin freigesetzt, das Glückshormon, das Hormon der Freude und Inspiration. Du fühlst dich innerlich großartig. Als würdest du mit den Füßen auf dem Boden stehen und gleichzeitig fliegen. Du fühlst dich eins mit deinen Mitmenschen und eins mit dir selbst. Beides geht nämlich Hand in Hand.

Ich hörte also dem sympathischen Fabrikarbeiter zu, wie er mir von Amorgos erzählte. Bis wir anhielten. Ich verabschiedete mich von ihm. Doch das Beste hatte er sich bis zum Schluss aufgehoben: »Die Muttergottes sei mit dir, mein Junge«, sagte er, machte die Tür zu und entfernte sich.

Ich sah ihm noch lange hinterher, bis er mit seinem Bündel auf den Schultern verschwunden war. In meinen Augen standen Tränen.

Dankbarkeit.

Das Lokal

Mittags werde ich meistens sehr hungrig. Es war noch nicht einmal ein Uhr, und mit dem Auto kam ich schnell zu meinem Lieblingslokal. Man hätte meinen können, dass es von allein fuhr, als ob es auf Schienen gleiten würde. Dort angekommen, öffnete ich die abgewetzte Holztür und trat ein. Es war wenig los. Die Kellner lächelten mir zu. Ich fand einen Tisch direkt an der Wand, so wie ich es gern habe, setzte mich hin und fing an, das Nichts zu genießen. Am Fenster saß, andächtig über seinen Suppenteller gebeugt, ein Mann um die fünfzig. Er hatte buchstäblich einen Buckel bekommen, um seinem Teller noch näher zu sein. Die Menschen um ihn herum kümmerten ihn nicht, er hatte nur Augen für seine Suppe und lebte nur für sie. Er tunkte seine Brotstückchen, seinen Löffel ein, ja, tunkte sich selbst hinein.

Vor mir hatte ein gut gelaunter Siebzigjähriger in einem knallroten jugendlichen Hemd mit ebenso jugendlichen Gesichtszügen Platz genommen. Sein Lächeln hatte sich im Lauf der Zeit unauslöschlich über sein ganzes Gesicht ausgebreitet. Ein echtes Lächeln, eines, das Menschen und den Raum erfüllte. Herr Kostas – so hieß er – kannte alle Kellner. Mit jedem wechselte er ein paar Worte. Und sie kamen an seinen Tisch wie die Bienen zum Pollen. Jedem Kellner sagte er, er werde Linsensuppe nehmen, und nannte auch den Grund dafür. Immer noch lächelnd, gab er seine Bestellung auf. Als würde er auf sein erstes Date warten.

Kurz darauf kamen zwei Freunde herein und setzten sich an einen der vorderen Tische, der anscheinend ihr Stammplatz war. Ich wette, dass sie immer dort saßen. Auch sie lächelten in Erwartung des köstlichen hausgemachten Essens, wegen dem wir alle hier waren. Überrascht sah ich, dass der Kellner ihnen zwei Biere servierte, bevor sie überhaupt bestellt hatten. Wahrscheinlich gehörte dies zu ihrem Ritual, wie ein ungeschriebenes Gesetz. Das ist der Grund, weshalb ich dieses Lokal so mag: Es hat einen Fünf-Sterne-Service, der direkt von Herzen kommt. Danach bestellten die beiden, obwohl es gar nicht mehr nötig war.

Auch mein Essen war gekommen. Während ich aß, beobachtete ich die Gäste und erfreute mich an ihnen. An allen, aber auch an jedem Einzelnen: an dem Typen, der im freien Fall in seine Suppe eintauchte, an dem ewigen Jüngling mit dem knallroten Hemd und den jugendlichen Zügen, den beiden Freunden mit ihrem Bier. Als würde ich sie von früher kennen.

Unsere Tische standen in einer Reihe und nahmen die ganze Seite ein. Ich sah den anderen zu und genoss sie, und irgendwann bemerkten sie mich auch. Alle außer dem Suppentaucher. Wir wechselten kein einziges Wort, sondern tauschten nur wenige, dafür aber vielsagende Blicke.

Wir aßen gemeinsam, auch wenn wir uns nicht kannten und auch nie kennenlernten. Es war, als würden wir am selben Tisch sitzen, obwohl wir nie zuvor gemeinsam am Tisch gesessen hatten. Als würden wir jeden Bissen, den der andere zu sich nahm, ebenfalls genießen. Als Erster ging der Taucher. Dann bekamen auch die beiden Freunde ihr Essen und noch zwei Bier. Der Teller mit der Linsensuppe des ewigen Jünglings war mittlerweile fast leer.

Als Nächster ging ich. Bevor ich die abgewetzte Holztür öffnete, verabschiedete ich mich von den Kellnern und im Stillen auch von meinen Freunden. Ich glaube nicht, dass ich sie wiedersehen werde. Doch dieses Menschengrüppchen erfüllte meinen Tag und meine Seele. Es war ein Augenblick, den man sicher nicht mehr vergisst. Draußen warf ich ihnen noch einen letzten Blick durchs Fenster zu. Etwas weiter entfernt wartete der Suppenliebhaber an der Bushaltestelle. Ich grüßte auch ihn im Stillen und ging zu meinem Auto. Es war, als wäre ich allein zum Essen gegangen und hätte dort zufällig meine Freunde getroffen.

So wie das Leben, wenn du dich
richtig gut fühlst ...

Von Hunden und Flöhen

Ich liebe Vouliagmeni, vor allem im Winter, weil dieser Athener Stadtteil am Meer dann menschenleer ist. Und weil das Gemälde eine andere Farbe hat, so als würde der Große Meister das Bild mit Photoshop bearbeiten. Der Himmel wird ein bisschen grauer, das Meer blauer, die Wellen weißer. Er spielt aber auch mit Gerüchen und Klängen. Ob Tramontana, Schirokko oder Südwind: Es ist immer wieder anders.

Manchmal stören Menschen dieses Bild ein wenig, aber wenn man sich mit ihnen abfindet, kann man es trotzdem genießen. Früher war ich einer von vielen, die sich darüber ärgerten. Heute gehöre ich zu den wenigen, die schlicht beobachten. Und manchmal sinniere ich einfach. Es war also Sonntagmittag auf der Hauptstraße von Vouliagmeni. Ein Pärchen hatte gerade geparkt und wollte sich ein Eis holen. Aber dann kam der Ärger. Sich ärgern kann zur Sucht werden, und schließlich ärgert man sich, ohne dass es einen Grund dafür gibt. In manchen Dingen sind Frauen uns Männern voraus, aber Motorsport ist unsere Sache. Nenn es Großspurigkeit, nenn es Prestige. So ging es auch unserem Freund. Verärgert und sauer stieg er aus. »Sieh dir das an, wie der geparkt hat …«, sagte er. Seine Freundin schaute hin, ich schaute hin. Wir waren beide verwirrt. Der Wagen vor ihnen war nämlich ein bisschen vor dem Müllcontainer geparkt. Zugegeben, das war kein besonders guter Parkplatz, aber an einem Sonntag mit schönem Wetter hat es schon schlimmere Verbrechen gegeben. Schließlich versperrte er nicht die Einfahrt zu einer Garage, und er blockierte auch nicht ein anderes Auto. Ich blieb noch ein bisschen, um weitere Fakten zu sammeln, bevor ich mein Urteil fällte. Es gab keine. Das war's.

Wir regen uns über Kleinigkeiten auf. Anders gesagt, wir sind launisch. Die wissenschaftliche Bezeichnung dafür ist Energie, und sie ist das Wichtigste, was wir besitzen. Noch wichtiger als die Gesundheit, denn unsere Energie bestimmt unsere Gesundheit. Es gibt Dinge, über die wir Kontrolle haben, und auf die müssen wir unsere Energie richten. Doch wir entscheiden uns dafür, sie auf solche Dinge zu richten, die wir nicht unter Kontrolle haben. Meistens mit Kritik und Klatsch.

Ich ging weiter und dachte über das Pärchen nach. Der Typ hatte sich selbst bereits den halben Tag vermiest und den seiner Freundin auch. Kommunizierende Röhren nannten wir das in der Grundschule. Er vergeudete seine Energie. Er hatte seinen Tank leckgeschlagen. Wäre er Torwart gewesen, hätte er den Ball ins eigene Netz versenkt, statt ihn mit einem Fußtritt in die Spielfeldmitte zu schießen. Wer weiß, wie oft am Tag er das tat.

Irgendwann wird der Moment kommen, wo er vor dem Spiegel steht und sagt: »Mann, was bin ich für ein Idiot!«

```
Wir leben nicht bewusst.
Und das Leben rinnt uns wie
Sand durch die Finger.
```

Und wir verlieren alles: unser Leben, unsere Lust, unser Recht.
Und das ist schade. Beim Fußball nennt man es »Eigentor«.
»Wer mit den Händen in den Leim fasst, bleibt daran kleben«,
habe ich irgendwo gelesen. Im Volksmund heißt es so:

**Wer mit Hunden schläft,
wacht mit Flöhen auf.**

Die Kunst des Lebens

Ich hatte gesagt, ich würde sie beide am Spätnachmittag zu einem Ausflug abholen. Zwar war ich an dem Tag nicht an der Reihe, aber eine Weile, nachdem Papa und Mama sich getrennt haben, finden sie für gewöhnlich auch andere Tage außer den vereinbarten. So war es auch bei uns. Mit dem einzigen Unterschied, dass die Jüngere Bauchweh hatte und dann doch nicht mitkam.

Also holte ich meine Ältere ab. Im Winter haben wir so viel zu tun, wenn wir zusammen sind, dass wir keine Zeit verschwenden wollen. Im Sommer hingegen entspannt sich die Lage.

Wir vereinbarten, durch Athen-Glifada zu schlendern. Ohne Programm, ungebunden, was sich gerade ergab. Wenn man nicht täglich mit seinen Kindern zusammen ist, lernt man, jeden Augenblick mit ihnen zu nutzen und ihn nicht zu vergeuden. Man weiß jede Minute zu schätzen, vielleicht sogar jede Sekunde.

Die Geschäfte waren offen, und wir hatten Mühe, einen Parkplatz zu finden. Wir beschlossen, das Auto in ein Parkhaus zu stellen. Das erste war voll, und das zweite würde anderthalb Stunden später schließen, wie die Geschäfte. Doch wir hatten Glück. Sobald der Parkhauswächter einen Parkplatz draußen fand, würde er das Auto für uns parken und den Schlüssel an einer vorher vereinbarten Stelle verstecken. Ich gab ihm meine Handynummer, damit er mir Bescheid sagen konnte, wo er das Auto letztendlich abgestellt hatte, und gab ihm noch etwas mehr Trinkgeld, nachdem ich es mit meiner Tochter besprochen hatte. Erster Erfolg.

Wir gingen zum Kino. Ich versuchte, sie zu überreden, ihren jüngsten Lieblingsfilm zu sehen, *Wonder Woman*, einen Film für Erwachsene, damit auch ich ihn endlich zu sehen bekam. Um ein bisschen unseren Horizont zu erweitern. Sie wollte nicht, und ich insistierte auch nicht. Wir gingen weiter, um uns ein Eis zu holen. In der schnellen, nur wenige Sekunden dauernden Debatte, ob eine oder zwei Kugeln, hatte ich keinerlei Chance: Wir nahmen einen großen Eisbecher. Dann ging es weiter zu dem weitläufigen Vergnügungspark, der eigentlich schon seit Monaten geöffnet sein sollte. Wir wollten wie letztes Mal über den hohen Zaun klettern, aber der Parkaufseher in der Mitte des Parks ließ uns keine Chance.

Während wir genussvoll unser Eis aßen, machten wir uns auf den Weg zum nächsten Abenteuer. Die Schule von Glifada war ein einfaches Ziel. Wir betraten den Schulhof, wo ein paar Jungen geschickt mit Bällen kickten. Wir kickten ein-, zweimal mit, blieben aber nicht lange. Dann folgten wir ein paar anderen und betraten das Schulgebäude. Aus dem hinteren Teil erklang Musik, die uns eine unerwartete Überraschung bescherte: In einem Eckzimmer saß ein Chor von Menschen im mittleren Alter, die unter der Leitung eines Dirigenten alte griechische Lieder sangen. Irgendwo vorn konnten wir sogar eine Geige ausmachen. Das Ensemble war hervorragend. Wir blieben einen Moment verstohlen an der Tür stehen und hörten zu. Irgendwann warf uns der Dirigent einen

Blick zu, sagte aber nichts und widmete sich wieder seiner Aufgabe. Endlich: Genau nach so etwas hatten wir gesucht.

Wir verließen das Schulgebäude erfüllter und inspirierter und kamen spontan auf die Idee, den Roller meiner Jüngeren aus dem Auto zu holen, der im Kofferraum ein einsames Dasein fristete. Das war gefährlich, aber das wussten wir. Wenn sie es erfuhr, würde sie maulen, aber letztendlich nahmen wir dieses Risiko in Kauf. Es wartete noch eine andere erfreuliche Überraschung auf uns: Als wir wieder im Parkhaus waren, hatte der sympathische Typ den Wagen schon draußen geparkt und machte gerade noch die letzten Manöver. Zwei Fliegen mit einer Klappe geschlagen. Wir holten den Roller und den Schlüssel und freuten uns.

Ziellos flanierten wir weiter. Ich ging in ein neues Geschäft, in dem es Trockenfrüchte, Kaffee und andere Dinge gab. Dort kostete ich getrocknete Mango- und Apfelschnitze und war so begeistert, dass ich zwei Beutel für zu Hause kaufte. Meine Tochter winkte ab. »Ich esse keine Trockenfrüchte«, kam sie mir zuvor, ehe ich ihr etwas anbieten konnte. Sie lächelte vielsagend und stieg wieder auf den Roller.

Auf dem abschüssigen Bürgersteig nahmen wir mehr Fahrt auf, als wir eigentlich beabsichtigten, und hätten um ein Haar zwei, drei Leute angefahren. Sie warfen uns aber nur freundliche Blicke zu, und so kamen wir noch einmal ungeschoren davon.

Als Nächstes blieben wir bei einem Straßenkünstler stehen, bei dem meine Tochter einen pistaziengrünen Plüschbommel für zwei Euro entdeckte. Ihre kleine Schwester wollte denselben Bommel wie sie, und meine Ältere wusste, dass Pistaziengrün deren Lieblingsfarbe war. Als sie den Bommel sah, strahlte sie. »Den lege ich in ihre Kiste, damit sie ihn gleich morgens findet.« Vergnügt pfeifend stieg sie wieder auf den Roller.

Etwas weiter erinnerte uns ein Sandwichladen der Grigoris-Kette daran, dass wir beide auf die Toilette mussten. Mit einer Flasche eiskaltem Wasser erkauften wir uns das Recht darauf, die Toilette zu benutzen. Hier wunderten wir uns über einen Mann, der sich aus irgendeinem unerklärlichen Grund die Hände wusch, bevor er auf die Toilette ging. Wir versuchten uns das zu erklären, jedoch ohne Ergebnis.

Dann kamen wir auf die Idee, in das Lieblingsgeschäft meiner Tochter zu gehen. Es gehört einem Sammler, der seltene Legosteine verkauft. Meine Tochter liebt Lego sehr, und wohl wissend, dass ich hier mein Geld loswerden würde, willigte ich ein, weil der Laden gleich schließen würde. Und ich sollte recht behalten. »Schade«, sagte ich zu ihr. Sie sah mich wissend an: »Macht nichts«, antwortete sie, »wir gehen in den großen Spielzeugladen, den mit den Rolltreppen.« Wir beeilten uns, um rechtzeitig dort zu sein. Aber da nahmen sie es genau und schlossen pünktlich um neun. Wir kamen in letzter Minute an und gingen natürlich direkt in die Lego-Abteilung. Wir liebäugelten mit einem großen, beeindruckenden Set. Hier gab es nicht viel zu diskutieren. Ich vermied die Diskussion mit vagen Versprechen. So wie Wolfgang Schäuble und die griechischen Schulden. Dann kam eine telefonische Absage von Freunden, die wir mit ihren Kindern zum Essen eingeladen hatten. Sie waren tüchtiger und hatten einige Aktivitäten geplant, während wir nur herumbummelten. Ich freute mich darüber, weil wir dadurch allein in unser Lieblingsrestaurant gehen konnten.

Und so geschah es. Obwohl es dort ziemlich voll war, bekamen wir ein schönes Tischchen mit Sofa, auf dem wir beide Platz nahmen. Wir bestellten Sprudelwasser und unser Lieblingsessen, einfache Makkaroni. Zur Feier des Tages bestellte ich noch ein Glas Weißwein. Wir erzählten uns Rätsel, neckten uns, diskutierten über alles Mögliche und lachten. Wie ein Paar in seinen besten Zeiten. Irgendwann unterbrach uns der Ober, weil der Roller mitsamt unseren Einkäufen bis auf die andere Seite des Restaurants gerutscht war. Das fanden wir urkomisch und stellten ihn diesmal besser ab. Das Lokal hatte eine wunderschöne gedämpfte Beleuchtung, und wir genossen einen der ersten traumhaften Sommerabende. Meine Tochter wollte, dass ich sie füttere. Früher hätte ich protestiert, heute nicht mehr. Mittlerweile weiß ich, dass diese Momente nicht wiederholbar sind, und lasse mich von meinen Kindern in ihre magische Welt entführen.

Nachdem wir bezahlt hatten (natürlich gab meine Tochter den PIN ins Gerät ein), überlegte sie, mich noch um einen letzten Gefallen zu bitten. »Papa, hoch!«, sagte sie mit Nachdruck. Damit meinte sie, dass sie auf meinen Schultern sitzen und meinen Kopf als Lenkrad benutzen wollte. So wie früher. Nur dass sie jetzt 30 Kilo wog. Ach egal, der Wagen stand ja nur 300 Meter weit entfernt. Ich wollte ihr diese Bitte nicht abschlagen. »Kommt nicht in Frage«, sagte ich listig und hob sie mit einer schnellen Bewegung auf meine Schultern. Um sich festzuhalten, packte sie mich an den Ohren wie ein Kutscher die Zügel. Es tat ein bisschen weh, aber der Spaß war größer. Unser Anblick muss zum Lachen gewesen sein: Mit einer Hand hielt ich den Roller, mit der anderen die Einkaufstasche und meine Tochter auf mir drauf. Die 300 Meter schienen endlos. Zum Glück, denn wir lachten uns auf der ganzen Strecke kaputt bei der Vorstellung, dass ich strauchelte und wir, der Roller, die halb leere Wasserflasche von Grigoris, der pistaziengrüne Bommel und die unerwünschten Trockenfrüchte wie eine Wassermelone platzen würden. Meine Tochter auf meinen Schultern lachte sich kaputt, und ich spürte, wie ihr Bauch auf der ganzen Strecke bebte. Als wir beim Auto ankamen, spürte ich meinen Nacken nicht mehr. Es war, als hätte er sich komplett verschoben. Doch meine Freude war unbeschreiblich.

Wir setzten uns ins Auto und redeten nicht viel. Das war gar nicht mehr nötig. Ich brachte sie zu ihrer Mama. Beim Aussteigen umarmte sie mich so fest wie noch nie und blieb ein paar Sekunden lang mit geschlossenen Augen an mir kleben. Auch ich hatte die Augen geschlossen. Ich gab ihr einen Kuss und sah zu, wie sie sich entfernte. Kurz bevor sie ins Haus ging, warf sie mir einen letzten glücklichen Blick zu.

Es war wohl der glücklichste Tag meines Lebens. Das war doch nichts Besonderes, wirst du sagen. Für mich doch. Ich brauchte viele Jahre und es kostete mich große Schmerzen und viel Arbeit, um zu lernen, mein Leben zu leben. Um die Kunst des Lebens zu erlernen. Mittlerweile weiß ich, dass Momente wie diese nicht wiederkommen. Ich weiß, dass es nur das Heute gibt.

```
Ich weiß, dass Gefühle meine
einzige Wahrheit, mein einziger
Reichtum sind.
```

Ich weiß, dass ich meine Kinder und alle Kinder dieser Welt so liebe, wie sie sind, und sie brauchen nur sie selbst sein. Ich habe gelernt, mich am Heute zu erfreuen. Niemand kann mir garantieren, dass ich morgen noch lebe.

Es waren nur drei müßige Abendstunden, aber mir kamen sie so lang wie ein ganzes Leben vor.

Dankbarkeit. Sonst nichts.

Der
Störenfried

Man sieht sie überall. In Autos, in der U-Bahn, auf der Straße. Leblos und schwarzweiß laufen sie herum. Wie aufgezogene Marionetten. Mit hängendem Kopf. Trübsinnig. Den Blick gesenkt. Damit sie bloß keiner zufällig anspricht. Meistens mit dem Handy in der Hand. Wenn sie noch jünger sind, mit Ohrstöpseln. Wie aus einem Film von Theo Angelopoulos.

Wenn man sie in der U-Bahn sieht, könnte man meinen, sie fahren zu einer Beerdigung. Vor allem, wenn Montag ist oder schlechtes Wetter oder beides, es spielt keine Rolle. Berühre sie bloß nicht versehentlich, sonst bekommst du Ärger. Erwarte nicht, dass sie dir ihren Platz überlassen. Dein Tod ist mein Leben.

Ja, es gibt Ausnahmen, aber nur wenige. Wie weit öffnet man morgens die Jalousien, um das erste Tageslicht hereinzulassen? Eben: nur ganz wenig.

Leider ist es in den Großstädten anderer Länder noch schlimmer. Dort starren sie auf ihr Handy. Um sie loszueisen, muss man den Stecker herausziehen, und der ist groß. Der Daumen ist dauernd in Bewegung. In fast allen Ohren stecken Ohrhörer.

Sie wirken wie eine Parade mit schwarzen Wölkchen um ihre Köpfe. Über jedem schwebt ein Wölkchen, sie sind sogar anhänglicher als dein Hund. Sie folgen dir überallhin. Auf den Rolltreppen, im Aufzug, im Auto. Irgendwo oben vereinen sich alle Wölkchen zu einer pechschwarzen, großen Wolke. Das nennt man auch Gefühlsnebel. Der ist giftig. Der giftigste von allen.

Schuld sind nicht allein die Mobiltelefone, aber sie tragen leider dazu bei. Du unterhältst dich mit jemandem. Er klebt am Handy. Genau in dem Moment, wo das Gespräch richtig gut läuft, kommen massenweise Nachrichten rein und gehen raus. Genau dann, wenn du an seinen Lippen hängst, ist er woanders. Bei dir ist es aber dasselbe. Selbst wenn du nicht an deinem Handy herumfummelst, schwirrst du dauernd um es herum. Wie die Biene um den Honig.

Ihr geht miteinander zum Essen. Der andere verschwindet auf der Toilette. Es lässt dir keine Ruhe. Du greifst nach dem verflixten Ding. Und hast immer eine Ausrede: Ich erwarte eine Nachricht, eine E-Mail, ich muss doch sehen, was läuft. Das ist gelogen. Du bist süchtig, wie die meisten von uns. Die tückischste Sucht von allen. Und leider fängt es schon früh an: bei unseren Kindern.

Je mehr Fortschritte die Technologie macht und je mehr Farben und individuelle Einstellmöglichkeiten sie uns zur Verfügung stellt, desto mehr schließen wir uns in unserer Hightechhöhle ein. Immer tiefer.

Bloß ist unsere Höhle schwarz-weiß und riecht nach Moder. Und das mögen wir nicht. Wir mögen den anderen nicht, das Leben nicht, uns selbst nicht.

Das größte Geschenk, das du deinen Lieben machen kannst, ist deine Präsenz. Indem du wirklich anwesend bist.

Präsenz ist das Allerkostbarste. Schalte dein Handy aus. Lass es zu Hause. Das wird dein Leben verändern. Wenn du aufstehst, umarme zuerst deinen Partner, deine Partnerin und schalte es erst dann ein.

Wenn dein Freund Geburtstag hat, ruf ihn an, statt ihm eine SMS zu schicken.

Wenn ihr zu zweit seid, schaut euch in die Augen.

Wenn ihr zu zweit seid, dann seid auch zu zweit.

Ohne Störenfried.

Emma

Es gibt nur wenige Dinge, die mich aufregen, aber diese wenigen machen mich verrückt. Am allermeisten die Hilflosigkeit. Wenn ich Menschen sehe, die in mittelmäßigen Umständen verharren. Die es sich mit ihren Problemchen gemütlich gemacht haben. Die sich in einem bequemen Leben eingerichtet haben. Die inkompetent sind und resigniert haben. Die andere kritisieren, übers Wetter jammern und über ihre Mitmenschen klatschen. Hinter deren Rücken, nicht direkt. Menschen, die nicht handeln, sondern reden. Die ihr Leben vergeuden.

Eleni und ich wollten uns schon seit Wochen, wenn nicht Monaten, treffen. Mal ging es bei mir nicht, mal konnte sie nicht. Mal gab ich keine Antwort, mal war sie nicht erreichbar. Von Anfang an war ich von ihrer Vision begeistert. Eleni hat vor Jahren ganz schlimme Dinge erlebt. Ihre Tochter starb mit 24 an Krebs. Leider habe ich Emma nicht kennengelernt. Bis zuletzt war sie ein quicklebendiges, bildschönes, charismatisches Geschöpf, voller Optimismus und Lebenslust. Emma träumte von einem schöneren Leben für Krebspatienten. Musiker, Malerinnen, Schriftsteller und andere talentierte Menschen sollten sie im Krankenhaus besuchen. Sie sollten Spiele, Filmvorführungen und Gesprächsrunden organisieren und ihre Talente einbringen, um diesen Kranken zu helfen, stärker und optimistischer zu werden. Sie sollten ihnen zu einem besseren Leben, einer besseren Chance verhelfen. Eine bessere seelische Verfassung bedeutet ein besseres Immunsystem, ein besseres Immunsystem bedeutet bessere Testergebnisse. So einfach ist es.

Eleni hatte mich gebeten, ebenfalls zu diesen Menschen zu sprechen. Neulich trafen wir uns. Ich erkannte sie mühelos. Würdevoll, aristokratisch, schwarz gekleidet. Da war der Hauch eines Lächelns, soweit Emmas Verlust dies zuließ. Ein Mensch, der über viele Qualitäten, über Würde, Stärke und Hartnäckigkeit verfügte, um den Traum seines Kindes Wirklichkeit werden zu lassen.

Wir sprachen lange miteinander. Ihre Augen sprühten Funken. Auch wenn das Feuer, das in ihr brannte, plötzlich erloschen war, sammelte Eleni die letzten Späne zusammen, vermischte sie, blies darauf und entzündete das Feuer wieder neu. Man hätte nicht sagen können, ob es Emmas Feuer oder ihr eigenes war. Beide waren bereits eins geworden.

»Wir haben bei dem Krankenhaus angefangen, das unsere Initiative für die Pflege von Krebspatienten – PAME MAZI – aufgegriffen hat«, sagte sie.

Besondere Menschen reden immer in der Wir-Form, vor allem wenn sie allen Grund hätten, in der Ich-Form zu reden.

»Sie haben uns einen Raum überlassen und uns ins Krankenhausleben eingegliedert. Alle haben unsere Aktion sofort unterstützt, und in nur zwei Wochen kannten PAME MAZI alle, von den

Wachleuten bis zur letzten Ärztin und zum letzten Krankenpfleger.« Besondere Menschen sind immer aktiv, selbst wenn sie keinen Grund dazu haben. »Unsere Vision kann nicht warten, Stefanos. Wir haben schon angefangen.« Besondere Menschen haben unzählige Gründe, etwas nicht zu tun, und entscheiden sich doch aus einem Grund dafür, es zu tun.

Unser Gespräch dauerte eine Stunde. Ich verabschiedete mich bewegt und war entschlossen, dazu beizutragen, dass das Feuer, das in Elenis Seele für Emma brannte, nie erlosch. Ich war entschlossen, den Mitmenschen, die so dringend Hilfe brauchten, ebenfalls zu helfen.

Ich war entschlossen, diese einzigartige junge Frau durch dieses wunderbare Projekt ebenfalls kennenzulernen, auch wenn ich nie die Ehre hatte, sie persönlich zu treffen.

Sie hieß Emma.

Sie heißt Emma.

Die Gleichung

Schon als ich den Laden betrat, merkte ich, was für ein Typ er war: Gleich würde er anfangen, sich zu beschweren. Solche Menschen erkennt man an der Körperhaltung. Gebeugter Rücken, gesenkter Kopf, eingefallene Schultern, die Hände in den Taschen. Die Augenbrauen zusammengezogen, der Mund zum Nörgeln bereit, als wollte er ein Niesen unterdrücken.

»Stell dir mal vor« (so fängt die Geschichte immer an), »sie wollten sogar noch Geld von mir zurück. Siebenhundert Euro hatte ich für das Flugticket bezahlt, und wie viel, meinst du, hätte ich für die Umbuchung bezahlen sollen? Sag, wie viel?«

»Keine Ahnung«, erwidert der andere desinteressiert.

»Vierhundert!« Suchend sah er sich nach Publikum um, aber vergebens. Einen Moment lang trafen sich unsere Blicke, doch ich schaute schnell weg. Das hätte mir gerade noch gefehlt. Ich hätte es ausbaden müssen.

»Und ich sag zu ihm: Hör mal, Freund, vor einem Monat war ich hier, um das Ticket umzubuchen, also nicht in letzter Minute. Wieso willst du Geld von mir?«

Dabei hob er resigniert die Arme, Handflächen nach oben gekehrt, und sackte wie ein hilfloses Opfer in sich zusammen. Eine todsichere Kombination.

Ich erledigte meine Einkäufe und verließ hastig den Laden. Noch eine ganze Weile dachte ich über den Typen mit den gerunzelten Augenbrauen nach und darüber, wie sehr er sein Leben vergeudete.

Ungewollt, aber total. Ich war sicher, dass man ihn im Voraus über die Buchungsbedingungen informiert hatte. Er wusste von Anfang an, worauf er sich einließ. Er wollte einfach meckern. Wenn nicht darüber, dann über etwas anderes.

Auf manche Dinge hat man Einfluss, auf ein paar andere nicht. In der Schule, im Matheunterricht, gab es konstante und variable Gleichungen. Und irgendwo dazwischen zogen wir einen Strich. Die konstanten Gleichungen sind Fakten. Das steckt schon im Wort. Um die variablen herauszufinden, gibt man alles.

Lügner lügen, Dumme reden dummes Zeug, morgens ist viel Verkehr, im Sommer ist es heiß. Das sind deine Konstanten.

Wie du mit einem Lügner umgehst, wie du dich mit dem Verkehr arrangierst, wie du dich vor der Sonne schützt, das sind deine Variablen. Das, und nur das, ist deine Aufgabe.

Eine Zypresse ist eine Konstante. Du kannst sie noch so sehr anschieben, sie wird sich nicht bewegen. Du wirst deine Energie damit vergeuden und dir die Laune verderben. Doch Energie und gute Laune brauchst du für deine Variablen. Und du bist derjenige, der sie verschwendet.

Wir verzehren uns wegen Dingen,
auf die wir keinen Einfluss haben,
und haben am Ende nicht den Mut,
unser Leben zu leben.

Deshalb haben manche Menschen die Schnauze voll und brennen aus. Ihr Tank ist leer, weil sie ein paarmal sinnlos um den Häuserblock gefahren sind.

Fazit: Frage dich von Anfang an, welches deine Konstanten und welches deine Variablen sind. Meine Konstante an jenem Tag war der Meckerfritze; mich schnell zu verdrücken meine Variable.

Auch jetzt noch verdrücke ich mich schnell.

Warum manche Menschen Erfolg haben

Es ist Mittwochnachmittag und ich bin auf dem Fischmarkt in der Innenstadt. Der Markt ähnelt einem anatolischen Bazar. Ich tauche in die Gerüche und das Stimmengewirr ein. Ich gehe weiter und schaue mich um. Die Fischer haben gemerkt, dass ich nichts kaufen will, und lassen mich in Ruhe. Plötzlich bleibe ich an einem Fischstand stehen, ohne zu wissen warum. Sind sie nicht alle gleich?, wundere ich mich. Und doch ist dieser anders. Ich bleibe dicht davor stehen und beobachte. Ich versuche, die Unterschiede herauszufinden, wie wir es als Kinder bei gewissen Ratespielen machten. Erster Unterschied: Die Fische sind exakt ausgerichtet. Zweiter Unterschied: Das Eis sieht irgendwie frischer, weißer aus, wie ein neu bezogenes Bett. Dritter Unterschied: Der Stand ist blitzsauber. Er könnte genauso gut eine Apotheke sein. Vierter Unterschied: Die Leute, die hier arbeiten, sitzen nicht herum, sondern sind in Bewegung. Sie sind ständig mit etwas beschäftigt. Und lächeln. Gerade als ich mit dem Ratespiel fertig bin, fällt mir die Chefin des Fischstands auf, eine Frau um die vierzig. Sie steht mittendrin, nicht in schlaffer Haltung, sondern aufrecht. Ihre Schürze ist gestärkt und so sauber, als hätte sie sie gerade erst angelegt, obwohl sie sicher schon seit Stunden hier ist. Ihre Gummistiefel glänzen regelrecht. Ihr Haar ist gut frisiert, wie für ein Event. In einer Hand hält sie eine schön gefaltete papierene Spitztüte für die Fische. Sie erhebt ihre Stimme nicht, doch sie beherrscht die Szene. Manche Menschen haben sich für den Erfolg entschieden, und ihr Erfolg stellt sich durch die täglichen, »unbedeutenden« Gewohnheiten ein: Erfolgreiche Menschen sind fünf Minuten vor einem Termin da, egal ob sie sich mit ihrem Kind oder mit einer hohen Politikerin treffen. Lieber warten sie, als andere warten zu lassen. Der Akku ihres Handys ist niemals leer, weil sie ihn am Abend davor aufgeladen haben. Falls sie ein Geschäft haben, fehlt es ihnen nie an Wechselgeld, weil sie rechtzeitig genügend davon besorgen. Sie halten bei Rot an, weil sie erstens sich selbst respektieren und zweitens sich an die Gesetze halten. Du wirst nie sehen, dass sie im Gehen ein Sandwich hinunterschlingen. Zum Essen setzen sie sich an einen Tisch, und sei es nur für fünf Minuten. In der U-Bahn sieht man sie lesen, ohne dass sie jemanden stören oder sich stören lassen. Sie sagen immer »danke«, wenn man ihnen den Vortritt lässt, aber niemand hört sie. Du wirst nie hören, dass sie über Zeitmangel klagen. Sie erledigen alles, und das ist nicht wenig.

Diese Menschen leben ihr Leben, sie werden nicht gelebt. Sie haben die Kunst des Lebens erlernt. Sie hören erst zu und reden dann. Sie handeln, statt zu klagen. Sie beobachten, statt zu urteilen, und entscheiden sich dafür, es nur zu tun, wenn es erforderlich ist. Wenn sich ihre Kunden oder Kollegen freuen, freuen sie sich noch mehr. Ihnen ist wirklich an anderen Menschen gelegen. Aber vor allem sorgen sie für sich selbst, und das zeigt sich an ihren lachenden Gesichtern. Sie lieben, was sie tun. Sie finden immer einen Weg, ihre Arbeit zu lieben. Sie haben das, was sie wollen, weil sie einfach das wollen, was sie haben. Sie wissen, wie man Nein sagt, ohne die Stimme zu erheben. Für sie ist ihre Arbeit das Wichtigste auf der Welt, auch wenn sie es nicht ist.

```
Diese Menschen haben
Erwartungen - z u e r s t an sich
selbst und dann an andere.
```

Sie konzentrieren sich auf ihr Ziel und lassen sich nicht ablenken. Sie verschönern dir den Tag, weil sie zuerst dafür gesorgt haben, sich ihren eigenen Tag zu verschönern. Sie können über sich selbst lachen und nehmen sich nicht allzu ernst. Sie wissen viel, aber vor allem wissen sie, dass sie nicht alles wissen.
Diese Menschen haben sogar dann Erfolg, wenn sie »scheitern«. Diese Menschen haben immer Erfolg, weil sie sich einfach dafür entschieden haben.

Genauso wie die Frau mit der gestärkten Schürze und den glänzenden Gummistiefeln.

Glücksgefühl

Bei manchen Dingen begreift man, dass sie einfach so sind, besonders wenn ein Experte sie einem erklärt. Als ob ein Groschen fallen würde, wie bei einem Getränkeautomaten.

Bei mir fiel der Groschen, als ich den TED Talk des charismatischen Speakers Dan Gilbert hörte. Er sprach über das Glücksgefühl und berief sich dabei auf eine wissenschaftliche Untersuchung, bei der es um zwei Männer ging: Der eine hatte 100 Millionen Dollar im Lotto gewonnen, der andere war nach einem Unfall gelähmt. Die Frage, wer glücklicher war, erübrigt sich.

Nun kommen wir zum Kern der Sache: Ein Jahr später wird die Untersuchung wiederholt. Wer ist glücklicher, der Lottogewinner oder der Invalide? Das ist eine einfache Frage, so wie die, die wir als Kinder stellten: Was ist schwerer: ein Kilo Blei oder ein Kilo Federn? Aber vielleicht erinnerst du dich noch, dass wir als Kinder auf die Frage hereinfielen. So ist es auch hier. Nicht der Reiche ist glücklicher, sondern der eine ist so glücklich wie der andere.

Die Freude an seinem Reichtum ist verblasst. Der Lottogewinner hat sich daran gewöhnt. Sein Reichtum beeindruckt ihn nicht mehr. Er hält ihn für selbstverständlich. Das berauschende Gefühl ist verflogen. Bei dem Invaliden ist es genauso. Sein Kummer ist verblasst. Er hat gelernt, mit seiner Behinderung zu leben. Er mag sie zwar nicht, aber er hat sich daran gewöhnt.

Du bist auf der Welt, um glücklich zu sein, denn ohne Glück kann nichts Inspirierendes entstehen. Weder Arbeit noch eine Beziehung noch ein Hobby. Ohne Glück ist alles bedeutungslos. Sogar deine Gesundheit.

Wir erwarten, dass das Glück an unsere Tür klopft. Dass es uns geliefert wird. Und wenn es dann anklopft, sehen wir uns gerade die Nachrichten an. In voller Lautstärke. Und hören das Klopfen nicht. Und wenn es an die Autoscheibe klopft, sind wir gerade in Gedanken versunken.

Doch das Glück ist da. Nur wir sind nicht da. Wie bei einem Date, wo du den anderen versetzt. Es ist ein Glück, dass du morgens aufwachst. Dass dich deine Füße tragen, dass dich eine kalte Dusche aufweckt, dass im Brotkasten noch ein Stückchen Brot liegt, dass dein Auto anspringt, dass in diesem Land die Sonne scheint. Dass nach einem anstrengenden Tag ein warmes Bett auf dich wartet.

Glück ist nicht an ein tatsächliches Ereignis geknüpft. Glück bedeutet, eine Brille zu tragen, um das Ereignis zu sehen, zu genießen und sich davon verzaubern zu lassen. Glück bedeutet, dass du dir, wenn du nicht die richtige Brille hast, eine neue kaufst. Sie kostet nichts. Wenn dir das Essen, das man dir geliefert hat, nicht schmeckt, dann kauf dir einen Kochtopf und lerne kochen.

```
Glück ist wie Brot.
Lerne, Brot zu backen.
Und lass dabei die Fenster offen.
```

Damit es auch in der Nachbarschaft duftet. Back jeden Tag neues Brot.

Brot wird schnell altbacken.

Mein Waghalsiges Abenteuer

Ich bin nach Kanada gereist, um an einer Veranstaltung mit Robin Sharma teilzunehmen. Er ist Autor von *Der Mönch, der seinen Ferrari verkaufte* und ein Mann, der mein Leben entscheidend geprägt hat. Auf der Liste der Dinge, die ich in Toronto sehen wollte, stand auch der CN Tower, der mit seinen 553 Metern der höchste Turm auf der westlichen Halbkugel ist. Ich hatte gelesen, dass man an der Außenwand des Turms in 350 Metern Höhe den berühmten *Edge Walk* machen kann, das heißt, man geht einmal außen um den Turm herum – natürlich richtig angeseilt. Ich tat so, als hätte ich es nicht gesehen, obwohl ich es gesehen hatte, und zwar ganz genau.

In meiner Erinnerung habe ich mein Leben lang Angst gehabt. Angst, mich im Unterricht zu melden, Angst, Nein zu sagen, Angst, zu tun, was ich wollte, und für mich einzustehen. Waghalsige Dinge kamen daher natürlich nicht in Frage. Und obendrein hatte ich Höhenangst.

Vorgestern besichtigte ich den Turm, ohne entschieden zu haben, was ich tun würde. Ich sagte mir, ich würde spontan entscheiden. Ich ging zum Buchungsschalter, und die junge Frau dort riet mir, die Videos anzuschauen, bevor ich eine Entscheidung traf. Das half auch nichts. Ich sah mir die Videos mehrmals an und konnte mich trotzdem nicht entscheiden. Es sah wirklich furchteinflößend aus. Ich war kurz davor zu verduften, aber nein, nicht schon wieder. Das wollte ich nicht. Auf keinen Fall. Angst war eine Konstante in meinem Leben geworden, so wie der Schmerz, der damit einhergeht. Ich hatte von beidem die Nase voll, und auch von mir. Schließlich traf ich die Entscheidung. Ich brauchte nicht einmal eine Sekunde dazu. Ich gab meine Karte ab, und wir wurden in einen Raum geführt, wo man uns Spezialkleidung und Ausrüstung aushändigte.

Wir waren zu dritt. Als wir im 120. Stockwerk ausstiegen, sagte der Guide zu mir, ich solle vorausgehen. Dort oben war es höllisch windig. Anfangs hatte ich Schiss. Aber allmählich gewöhnte ich mich daran und wurde mutiger. Insgesamt waren wir eine halbe Stunde oben und genossen es letztendlich. Damit hatte ich nicht gerechnet.

Dieses waghalsige Abenteuer war ich mir schon ein halbes Leben lang schuldig. Für mich war es ein Lebensthema. Ein Thema des RICHTIGEN Lebens, denn die erste Hälfte hatte ich jahrelang nur ertragen. Vorgestern war es, als ob ich meine Gefängniszelle, die ich mir in all den Jahren mühsam eingerichtet hatte, aufgeschlossen hätte und endgültig ausgebrochen wäre.

Bei diesem Date mit mir selbst habe ich mich nicht versetzt. Ich habe mich nicht aus dem Staub gemacht.

Wie bei einer Partie Tischtennis, bei der ich gegen meinen Gegner gewinne, doch am Schluss feiern wir beide einen Sieg. Das war ich mir selbst schuldig gewesen. Zum Glück habe ich nach so vielen Jahren endlich gelernt, keine Rückzieher mehr zu machen, sondern einen Schritt nach vorn zu gehen, auch wenn mir der Wind um die Ohren pfeift. Heute weiß ich: Ein Schiff, das im Hafen liegt, verrottet. Diese Lektion ist endlich richtig angekommen.

Vielleicht besteht dein waghalsiges Abenteuer darin, wieder das Fitnessgerät zu benutzen, das nur herumsteht, oder dich bei einem geliebten Menschen zu melden, der schon lange auf ein Zeichen von dir wartet, oder jenes Projekt anzugehen, das seit Jahren in der Schublade verstaubt. Vielleicht besteht dein Abenteuer auch darin, endlich dein ungelebtes Leben zu leben, so wie es bei mir war. Keine Ahnung, aber es geht mich auch nichts an.

Doch eines ist sicher: Nur du kannst es wissen.

Und nur du kannst es machen.

Heute. Nicht morgen.

»Ich liebe dich«

Er heißt Elias und junge Männer wie ihn gibt es nur wenige. Er ist ein Lebenskämpfer. Er zögert nicht, wieder bei null anzufangen, wenn es sein muss. Er kneift nie. Er strahlt eine ruhige Kraft aus und ist ein aufrichtiger Mensch. Auf ihn kann man stolz sein. Allein sein Anblick erfüllt einen mit Gefühl.

Wir treffen uns zwei, drei Mal im Jahr, das genügt. Bei diesen Anlässen schütten wir einander oft das Herz aus und sprechen über alles. Wir umarmen uns und lachen herzlich miteinander. Als gäbe es kein Morgen. Wir genießen einander und freuen uns miteinander. Wir teilen unsere Trauer.

Ich wollte ihn anrufen, weil er Geburtstag hatte. Beim ersten Mal antwortete er nicht. Beim Rückruf antwortete ich nicht. Er sorgte dafür, dass es beim dritten Anruf klappte, und freute sich sehr, mich zu hören. Irgendwann sind Gefühle so stark, als würde man skypen. Man kann sie geradezu sehen. Die Bewegungen des anderen, sein Lächeln, seine Marotten. So war es auch gestern. Unser Gespräch dauerte keine fünf Minuten. Ich hatte ihn seit einem halben Jahr nicht mehr gesprochen, doch wir redeten über alles und fühlten alles. Wir vereinbarten, uns ein paar Wochen später zu treffen. Auch dann würden wir alles geben … Doch das Beste hob sich der Schlingel bis zum Schluss auf: »Stefanos, ich liebe dich!« Ich war platt und wusste nicht, wie ich reagieren sollte. Tränen traten mir in die Augen, und meine Stimme versagte. In dem Moment verlor ich die Fassung. Ich weiß nicht mehr, was ich antwortete, ja, ob ich überhaupt antwortete. Es war, als hätte mich ein Tsunami überrollt. Ein Tsunami der Freude und der Erlösung.

Meistens reden wir nicht über unsere Gefühle. Doch für diese Gefühle leben wir. Sie machen uns zu Menschen. Die Menschen, die in den Flugzeugen von 9/11 festsaßen, riefen vor ihrem Tod ihre Familien an, um ihnen zu sagen, wie sehr sie sie liebten. Das waren ihre letzten Worte.

Liebesbekundungen heben wir uns bis zum Schluss auf. Wir geizen mit ihnen. Wir haben Angst vor ihnen und sprechen sie nicht aus. Vor allem wir Männer. Wir haben Angst, verletzlich zu werden. Wir haben Angst, zärtlich zu werden. Und doch geht es im Leben genau darum.

Ein trauernder Vater, der seinen Sohn bei einem Unfall mit dem Porsche verloren hatte, brachte es bei dessen Beerdigung auf den Punkt: »Wir glauben fälschlich, dass es immer ein Morgen gibt. Doch manchmal kommt dieses Morgen nicht, und dann bereuen wir alles, was wir nicht gesagt und getan haben. Das letzte Mal, als ich dir, Andrikos, gesagt habe, dass ich dich liebe, war vor vier Jahren, als du mich anriefst, um mir zu meinem Namenstag zu gratulieren. Und ich weiß noch und werde mich mein Leben lang daran erinnern, wie glücklich du mich gemacht hast, als du mir antwortetest: ›Ich liebe dich auch, Papa.‹ Seitdem habe ich es nicht mehr gesagt.«

Deshalb geh los, mein Freund, und sag heute zu so vielen Menschen »Ich liebe dich«, wie es deine Seele braucht. Und höre nicht auf deinen Verstand.

Dieses verflixte Leben ist
nur ein Atemzug.
Manchmal gibt es kein Morgen.

Schrecklich gern!

Ich war der Erste, der dieses Wort benutzte, wenn ich etwas Schönes beschreiben wollte. Es war zu einer Gewohnheit geworden. Wie in der Geschichte von dem Mann, der dasteht und nach oben schaut. Ein anderer sieht ihn und schaut auch nach oben. Ein dritter ebenfalls. Es bildet sich eine Menschentraube, und alle schauen nach oben. Schließlich fragt einer, der gerade erst dazugekommen ist: »Hey, was gibt's denn da zu sehen?« Die Frage wird weitergereicht, bis sie ganz vorn bei dem landet, der zuerst da war. »Nichts«, antwortet der, »ich habe Nasenbluten, mein Freund.« So war es auch bei mir: Einer tut was, und alle machen es nach. Einer sagt was, und alle plappern es nach.

Als ich zum ersten Mal die Seminare meines Mentors Antonis besuchte, stellte ich fest, dass niemand negative Wörter oder Ausdrücke benutzte, wenn er etwas Positives beschreiben wollte. Vor allem sprach keiner das Wort »schrecklich« aus. Als wäre es giftig. Einer sagte »außergewöhnlich«, ein anderer »fantastisch«, ein dritter »großartig«. Mich kratzte das nicht: Für mich war dieses »schrecklich« und jenes »schrecklich«. Irgendwann nahm mich ein

Freund beiseite und verriet mir im Flüsterton das Geheimnis: »Solche Wörter benutzen wir hier nicht«, sagte er, ganz höflich, um mich nicht zu kränken. Aber auch sehr nachdrücklich, damit ich es nicht vergaß.

»Aber warum?«

»Das Wort ›schrecklich‹ kommt von ›Schrecken‹. Willst du mit den Samen, die du säst, auch Schädlinge säen?«

»Nein.«

Wir waren uns einig.

Als meine Töchter noch klein waren, kaufte ich ihnen ein Heft mit Zeichnungen zum Ausmalen. Die Umrisse waren vorhanden, und es fehlten nur die Farben. Doch sie malten nie über die Umrisslinien hinaus. Das ist wie mit einer Gussform. Deine Worte sind die Gussform deines Lebens. Gib ihm die richtige Form.

Mit deinen Worten und deinem Leben verhält es sich so ähnlich wie mit der Henne und dem Ei. Dein Leben erschafft deine Wörter und umgekehrt. Wie ein Pingpongspiel. Im Griechischen gibt es zum Beispiel das Wort »Ehrgefühl«, in manchen anderen Sprachen Ähnliches. Aber in Sprachen, in denen es kein Wort dafür gibt, wird man auch nicht verstehen, was damit überhaupt gemeint ist.

Dein ganzes Leben kann sich verändern, wenn du nur ein einziges Wort in deinem Wortschatz veränderst.

Wenn dich jemand fragt, wie es dir geht, dann antworte nicht: »Ich hab's gerade eilig.« Und sag erst recht nicht: »So ein Arsch.«
Du hast ein Date mit deiner Freundin, und ihr geht aus. Wenn du zu ihr sagst, sie sei wie der erste Tag im Frühling, wird sie aufblühen. Teste mal, wie sie reagiert, wenn du ihr sagst, dass sie wie der letzte Tag im Winter ist.

Falls du sie wiedersiehst, sag mir Bescheid!

Oseola
McCarty

Ich hänge an seinen Lippen, wenn er spricht. Er besitzt eine einzigartige Weisheit und Ruhe, und ich bin wie ein Schwamm, der alles aufsaugt, um ja kein Wort zu verpassen. Er heißt Mohamed und ist mein Squash- und Lebenstrainer. Er ist achtzig, stammt aus Alexandria in Ägypten und ist noch griechischer als ein Grieche.

Am liebsten höre ich mir seine Geschichten aus dem Ägypten der 50er Jahre an. Er spielte Basketball an der Universität und ist vom Sportsgeist durchdrungen. Deshalb wollte er ihn auch uns näherbringen, unermüdlich, von morgens bis abends. Dieser Mensch weiß, wie man für seine Träume arbeitet. Irgendwann sprach er mich auf die Sponsoren an, die die griechische Mannschaft in Alexandria unterstützen, bei der er immer spielte. Die Spieler hatten auch den Namen eines ihrer Sponsoren aufgeschnappt: Herr Sigalas. Sie hatten ihn noch nie gesehen und vermuteten, dass er ein reicher Mann war. Er kam nie zum Training, einmal aber doch. Die Jungs kamen gerade vom Training, als er mit seinem Mofa vorfuhr. Ein bescheidener Mensch. Ein Mann des Volkes. Einer der Jungs fragte seinen Trainer verwirrt: »Was macht Herr Sigalas eigentlich beruflich?« »Er ist Amtsdiener«, antwortete der Trainer, »und kümmert sich um die Post.«

Und trotzdem hatte Herr Sigalas sich Geld vom Mund abgespart, um die Jungs zu unterstützen.

Reichtum bedeutet nicht, etwas zu besitzen.
Reichtum bedeutet, etwas zu geben.

Es ist überwältigend, etwas mit anderen zu teilen. Nur so kannst du glücklich werden. Anders geht es nicht, wie du es auch drehst und wendest. Das ist die Wahrheit. Wo du auch hingehst, lass immer etwas zurück: eine Blume, ein Buch, eine Umarmung, ein paar nette Worte, gute Wünsche. Lass die Welt besser zurück, als du sie vorgefunden hast.

Du bist auf der Welt, um zu teilen, um zu helfen und um zu lieben. In den letzten Tagen deines Erdenlebens wirst du nicht darüber nachdenken, wie viel Geld du gemacht hast, sondern du wirst nur zählen, wie viel Liebe du gegeben und empfangen hast. Nur das ist von Bedeutung. Milliardär und Müllmann werden am Ende beide sterben.

Wenn du oben bist, wird ER dich eines fragen: »Ich habe dir ein Leben gegeben. Hast du es gelebt oder vergeudet? Bist du von der Liebe satt geworden?«

Sie hieß Oseola McCarty. Damals kannte sie niemand, heute kennt sie die ganze Welt. Sie starb mit neunzig Jahren und wurde vom Präsidenten der USA gewürdigt. Sie war Afroamerikanerin, und das war damals gleichbedeutend mit Sklavin. Sie hatte keine Kinder und schuftete bis zu ihrem letzten Tag als Wäscherin. Sie arbeitete und sparte Geld auf einem Bankkonto. Irgendwann ging sie zur Bank. Der Schalterbeamte warf einen Blick auf ihren Notizblock und fragte: »Oseola, wissen Sie, wie viel Geld Sie gespart haben?« »Wie viel?«, fragte sie. »Zweihundertfünfzigtausend Dollar. Sie sind reich.« Oseola wusste nicht, wie viel das war. Der Schalterbeamte erklärte es ihr, indem er ihr zehn Münzen hinlegte. »Wenn das Ihr Geld ist, was soll ich damit machen?«, fragte er sie. Sie dachte kurz nach und antwortete: »Eine Münze ist für die Kirche. Drei für meine Neffen und Nichten. Für die restlichen sechs muss ich mir noch etwas überlegen.« Einige Tage später ging Oseola mit ihrem Gehstock zur Universität ihres Bundesstaats Mississippi, um sich mit dem Rektor zu treffen und ihm einen Scheck zu überreichen – einen Scheck über hundertfünfzigtausend Dollar.

»Für die schwarzen Studenten, die studieren wollen und nicht können«, sagte sie mit ihrem typischen Lächeln.

Dafür bist du auf der Welt.

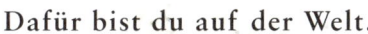

Makkaroni-Rezept

Zuerst setzt du Wasser auf. Wasser ist das Wichtigste. Unser Körper besteht überwiegend aus Wasser, haben wir in der Grundschule gelernt. Wasser unterstützt das Herz, reinigt den Organismus, erleichtert das Abnehmen und lässt die Haut strahlen. Man nennt es auch Brennstoff fürs Gehirn. Irgendwo habe ich gelesen, dass Wasserkonsum die Gehirnkapazität um bis zu dreißig Prozent erhöhen kann. Das hat mich verblüfft. Seitdem trinke ich viel Wasser. Wenn du nicht genug Wasser aufsetzt, werden die Makkaroni aneinanderkleben. Nimmst du gar kein Wasser, verbrennt dir der Topf. Dann fügst du Salz hinzu. Ohne Salz schmeckt dein Nudelgericht nicht. Aber auch dein Leben schmeckt nicht. Das Salz des Lebens heißt Dopamin und ist die Grundzutat des Glücks. Es schenkt Freude und Euphorie und verhilft uns zu körperlichem und seelischem Wohlbefinden. Wo findet man Dopamin? In jeder guten Tat, auch in denen, die du für unbedeutend oder idealistisch hältst. Du findest es, wenn du ein Stück Abfall aufhebst, einem Fremden die Tür aufhältst, einen Freund zum Essen einlädst, Überraschungen für deine Liebsten bereithältst und Hilfsbedürftige unterstützt. Wenn du Dinge mit anderen teilst. Wenn du Gutes tust, schüttet dein Organismus Dopamin aus, und zwar eine ganze Menge. Schau deshalb nicht auf diejenigen herab, die Gutes tun. Sie sind keine Träumer. Sie sind wach. Es ist leicht, ein Egoist zu sein, doch es kommt dich teuer zu stehen. Viel teurer, als du meinst.

Und natürlich darfst du bei deinen Makkaroni die Butter nicht vergessen. Auch in deinem Leben nicht. Man nennt es Endorphine, und du findest sie im Überfluss bei körperlicher Bewegung und beim Sport. Sie erhöhen die Neuroplastizität des Gehirns, seine Lern-, Merk- und Urteilsfähigkeit und die Fähigkeit, an dich selbst zu glauben. Endorphine bezeichnet man auch als natürliches Antidepressivum, ein *natural high*. Körperliche Bewegung produziert alle möglichen Arten von Energie, körperliche und seelische. Ohne Benzin fährt dein Auto nicht. Warum sollte es bei dir anders sein?

Wenn du zu deinen Makkaroni Hackbällchen isst, vergiss nicht, sie rechtzeitig aufzutauen. Sorge vor, so wie die Ameise aus Äsops Fabel, die im Sommer arbeitete, anstatt sich auszuruhen. Lerne, das Richtige zu tun, nicht nur das, was dir leicht von der Hand geht. Überlege, bevor du etwas sagst, auch wenn du vorher zehnmal tief Luft holen musst, um nicht zu platzen.

```
Plane heute voraus,
damit du morgen das hast,
was du haben willst.
```

Es hängt von dir ab. Wenn dir jemand gesagt hat, es hänge von anderen ab, hat er dich verarscht. Beinahe hätten wir etwas Wichtiges vergessen: die Makkaroni. Sie entsprechen dem Handeln. Handeln ist die wichtigste Zutat des Lebens. Ich höre Menschen reden, kommentieren und urteilen, aber ich sehe wenige, die handeln und etwas leisten. Ich sehe viele, die ihre Träume für ein Stück Brot verraten. Die Fernbedienung und das Sofa sind komfortabel, aber Bequemlichkeit ist tödlich, für dich und deine Träume. Doch sie tötet ganz sanft, sodass du es nicht merkst. In dem Moment, wo du es dir auf dem Sofa bequem machst, ziehst du Gewinn daraus, aber dieser Gewinn ist trügerisch. Du musst teuer dafür bezahlen. Mit deinem eigenen Leben. Handeln bedeutet, früher aufzustehen, um deinen Tag zu planen. Handeln bedeutet, im Beruf dein Bestes zu geben, auch wenn du nicht so viel verdienst, wie du möchtest. Handeln bedeutet zu handeln, statt dich zu beklagen. Handeln bedeutet, im Leben alles zu tun, um das zu bekommen, was du haben möchtest. Also rede nicht lang, sondern handle!

Ein Bauer saß in seinem Garten und sonnte sich. Da kam seine Frau aus dem Haus und fragte ihn, was er tue.

»Ich warte darauf, dass auf meinem Feld etwas wächst«, antwortete er.

»Aber du hast es weder umgegraben noch bepflanzt noch gegossen«, gab sie zurück.

»Kümmere dich um deine Angelegenheiten«, entgegnete der Bauer. »Es wird schon noch Früchte tragen.«

**Die meisten von uns sind wie dieser Bauer.
Wir meinen, die Dinge geschehen von allein.**

Da kann man nichts machen

Ich wartete am Bankschalter, um bedient zu werden. Ein etwa dreißigjähriger, lebhafter, gut gelaunter und sehr präsenter Mann stand am Schalter nebenan, wo er von einer Dame bedient wurde. Er war energiegeladen und sprühte vor Lebendigkeit. Auch sie war so ein Mensch. Sie sprachen über alles Mögliche. Ich hatte die Ohren gespitzt.

Einen kurzen Moment lang achtete ich nicht mehr auf sie und verpasste dadurch ihren Wortwechsel. Die Frau am Schalter sagte etwas zu ihm, und im nächsten Moment hörte ich ihn enttäuscht sagen: »Da kann man nichts machen …«

Man hätte meinen können, dass da ein anderer Mensch redete. Energielos, deprimiert, unglücklich. Ein Loser. Ich betrachtete ihn. Seine Körperhaltung hatte sich komplett verändert. Er ließ den Kopf hängen, war plötzlich in sich zusammengesackt und hob die Hände, als wollte er Gott beschwören. Er sah eher aus wie ein Bettler an der Ampel. Von einem Moment auf den anderen.

Ich war bestürzt. Doch ich sah, was wir uns selbst zufügen – ohne es zu wollen, aber vor allem ohne uns bewusst zu machen, wie viel Schaden wir damit anrichten.

Man nennt es Hilflosigkeit, und die solltest du nicht einmal deinem schlimmsten Feind wünschen. Als wäre das nicht schon genug, wird sie begleitet von Redewendungen wie »Was soll ich dazu sagen …«, »Was weiß ich …«, »Ist doch egal …«, »Davon geht die Welt nicht unter«, »Sch… drauf«, und ihre ganze Sippschaft haben sie auch gleich mitgebracht. Sie sorgen dafür, dass bei dir die Luft schneller raus ist als bei einem löchrigen Schlauch. Wie Piranhas zehren sie an deiner Energie und untergraben deinen Optimismus, deinen Mut und deine Träume. Ja, sie saugen dir das Leben aus. Du solltest bei deinem Motor lieber Öl nachfüllen, dann richtest du jedenfalls keinen Schaden an.

Wenige, scheinbar unbedeutende Fehler bei unseren täglichen Entscheidungen führen mit mathematischer Genauigkeit zu einer Katastrophe. Du rauchst eine Zigarette. »Eine Zigarette bringt mich doch nicht um, oder?« Du isst Junkfood. »Ja, ja, eine Packung Chips ist doch nicht so schlimm.« Du setzt dich vor den Fernseher. »Darf ich mich denn nicht mal entspannen?« Bessere Ernährung? »Am Montag fange ich damit an.« Lesen? »Ich habe gerade keine Zeit.« Ein Gespräch mit deiner Frau? »Morgen ist auch noch ein Tag.« Dein Lebensprojekt? »Ich warte noch damit, bis die Finanzkrise vorbei ist.«

Es ist Fakt, dass dein Schiff auf offener See in Gefahr kommen wird. Es wird Stürme und Orkane geben. An Warnschüsse brauchst du gar nicht erst zu denken. Doch eines ist ebenfalls Fakt: Wenn du dein Schiff im Hafen verankerst, wird es verrotten. Garantiert.

Ich werde nie erfahren, was nach jenem »Da kann man nichts machen …« am Schalter passiert ist. Doch eines ist gewiss: Wenn du einmal am Tag sagst: »Da kann man nichts machen…«, hält dies das Leben von dir fern.

Hier ist noch die Definition von Hölle:

»An deinem letzten Tag auf Erden
wird der, der du bist, dem begegnen,
der du hättest sein können.«

Mach also einen großen Bogen um jedes »Da kann man nichts machen«.

Und auch um seine ganze Sippschaft.

Nick

Ich liebe die Innenstadt von Athen. Frech fahre ich mit meinem Smart ins Zentrum und finde immer einen Parkplatz. Ich genieße das ganze Paket. Heute hatte ich noch etwas Zeit zwischen zwei Terminen. Ich entdeckte ein hübsches Lokal in Athen-Skoufa. Normalerweise werde ich meinem Lieblingslokal nicht untreu, aber ich hatte Hunger.

So bestellte ich gefülltes Gemüse und suchte mir draußen auf der Terrasse einen Tisch. Es waren genug Tische frei, aber irgendetwas ließ mich zu jenem gehen, der eingezwängt in einer Ecke stand und wo ein seriöses Paar im mittleren Alter saß. Es waren höfliche, zivilisierte Menschen. Gut gelaunt und heiter. Sie sahen sich in die Augen. Ein wirklich beneidenswertes Paar. Eines jener Paare, die unzählige gute Eigenschaften haben. Ich beobachtete sie aus den Augenwinkeln, ohne das Gespräch zu suchen.

Sie waren mit dem Essen fertig und flüsterten miteinander. Es war lärmig, und ich hörte nichts. Irgendwann kam der Lokalbesitzer, und sie sprachen mit ihm. Er trat näher, um sie zu hören. Übertrieben nah. Wegen des Lärms, dachte ich zuerst. Doch dann begriff ich: Die beiden waren stumm. Sie konnten hören, aber nicht sprechen. Sie kommunizierten mit unzusammenhängenden Lauten und Gebärden. Man konnte an ihren Gesichtern ablesen, dass sie Mühe hatten, sich zu verständigen.

Ich weiß nicht, ob der Inhaber sie letztlich verstehen konnte oder höflich so tat, als ob, um sie nicht zu kränken, aber die beiden lächelten dabei die ganze Zeit.

Wir sind uns unseres Reichtums nicht bewusst. Wir haben nicht kapiert, wie gesegnet wir sind.

Uns ist überhaupt nicht klar, was es bedeutet, sprechen und hören zu können. Was es heißt, zwei Füße zu haben, die uns überallhin bringen, und zwei Hände, mit denen wir alles greifen können.

Schon seit Jahren folge ich einem Mann namens Nick Vujicic. Er kam ohne Beine und Arme zur Welt. Sie sind an der Wurzel abgetrennt. Er besteht nur aus Kopf und Rumpf. Man findet ihn auf YouTube. Anfangs hält man seinen Anblick nicht aus. Wenn man ihn dann aber reden hört, berauscht er einen. Danach kann man gar nicht genug bekommen von seiner Schönheit.

Als Kind versuchte er mehrmals, sich umzubringen. Zum Glück für uns gelang ihm das nicht. Heute ist er einer der inspirierendsten Speaker auf YouTube und hält auf der ganzen Welt Vorträge über die Schönheit und den Sinn des Lebens. Und über Dankbarkeit.

»Vielleicht hast du ja Arme und Beine«, sagt er, »aber wenn du nicht weißt, wer du bist, wenn du nicht weißt, was dein Lebenszweck, was dein Auftrag ist, wenn du nicht deinen ureigenen Grund gefunden hast, warum du lebst, dann bist du wahrscheinlich viel behinderter als ich, mein Freund.«

»Als kleiner Junge fragte ich die Ärzte, warum ich so bin, und keiner wusste eine Antwort darauf. Bestimmte Dinge sind so, wie sie sind, und man akzeptiert sie einfach. Entweder gibt man auf, oder man macht weiter. Man hat keine andere Wahl.«

Irgendwann im Video sieht man Nick mit seinem Sohn auf dem Trampolin hüpfen. An einer anderen Stelle taucht und schwimmt er. Es ist wirklich ein bewegender Anblick.

»Wir haben die Wahl, ob wir uns ärgern wollen über das, was wir nicht haben, oder dankbar sind für das, was wir haben. Ich höre Kinder darüber reden, dass ihnen ihr Körper nicht gefällt. Ihr seid euch nicht bewusst, welchen Reichtum ihr besitzt«, sagt er lächelnd.

»Wenn ich träumen kann, dann könnt ihr es auch.« Das sind seine Schlussworte. Alle stehen gerührt auf und applaudieren ihm.

Doch Nick steht von allen am aufrechtesten.

Ach, mein liebes Griechen- land ...

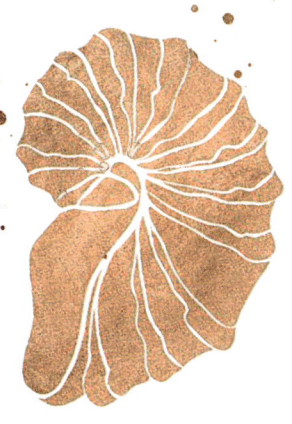

Er schwamm entspannt etwas weiter unten im Wasser und genoss es sichtlich. Als hätte er ein Schild »Bitte nicht stören« aufgehängt. Ich wollte mein Glück dennoch versuchen. »Guten Tag«, sagte ich zu ihm. Es war, als würde er aus einer Trance erwachen. »Guten Tag«, antwortete er begeistert. Und dann hörte er nicht mehr auf zu erzählen.

Er war ebenfalls Grieche. »Ich lebe in Russland, mein Freund. Ich war gezwungen, im Ausland zu arbeiten, um meine Familie zu ernähren. Wir machen hier jedes Jahr einen Monat Ferien. Morgens, mittags und abends gehe ich schwimmen, so wie jetzt. Ich bin schon zwanzig Tage hier, und mir bleiben noch zehn. Ich zähle jeden Tag. In Russland gibt es auch ein Meer, das Schwarze Meer. Kein Vergleich. Hier ist das Paradies. Sonne, kristallklares Wasser, Wärme ...« Und er schloss mit Worten, die ich nie vergessen werde: »Ach, mein liebes Griechenland ...« Er bekam feuchte Augen. Und ich auch.

Wie viele Dinge halten wir für selbstverständlich, doch sie sind es nicht … Unsere Heimat, unsere Arme, unsere Beine, unsere Fähigkeit zu sprechen, unsere Augen, unsere Gesundheit …

Und kaum taucht ein kleines Problem auf, sprechen wir ein Gebet und denken daran zurück, wie es früher war, als wir gesund und glücklich waren. Aber damals wussten wir das nicht. Und so freuen wir uns kurz darüber und vergessen es gleich wieder.

Warum schätzen wir nicht die Dinge, die wir jetzt haben?

Man nennt es Dankbarkeit und sie ist von allen Werten vielleicht der wichtigste.

Dazu fiel mir eine Geschichte ein: Es war einmal ein armer Familienvater, der mit Frau und sechs Kindern in einem Häuschen lebte, das zu klein für sie war. Also suchte der Mann eines Tages den Weisen des Dorfs auf.

»Weiser Mann, unser Haus ist zu klein für uns.«

Der Weise überlegte kurz und fragte den Mann dann:

»Hast du einen Hund?«

»Ja.«

»Hol ihn auch ins Haus.«

»Aber, weiser Mann … Wir haben ja selbst keinen Platz darin.«

»Tu, was ich dir sage, und komm nächste Woche wieder.«

Eine Woche später suchte der Familienvater den Weisen erneut auf.

»Wie lief es?«

»Noch schlechter. Der Hund ließ uns nicht schlafen.«

»Hast du eine Ziege?«

»Ja.«

»Nimm sie auch ins Haus.«

»Aber, weiser Mann …«

»Tu, was ich dir sage.«

Die Woche darauf ging er wieder zu dem Weisen.

»Wie lief es?«

»Ganz schlecht. Jetzt zankt sich der Hund mit der Ziege.«

»Hast du eine Kuh?«

»Ja.«

»Nimm sie auch ins Haus.«

»Aber, Weiser …«

»Tu, was ich dir sage.«

Eine Woche später kam er wieder.

»Wie lief es?«

»Schlimmer kann es nicht mehr werden. Alle Tiere zanken sich, die Kuh muht wie verrückt, und die Kinder können nicht schlafen.«

»Hör mir zu und tu Folgendes: Lass alle Tiere wieder nach draußen und wohnt allein im Haus, nur ihr acht.«

Nach einer Woche tauchte der Mann wieder bei dem Weisen auf.

»Wie lief es?«

»Hervorragend. Es könnte nicht besser sein«, antwortete der Familienvater begeistert.

»Gut so«, sagt der Weise.

So soll es bleiben.

Fang den Ball

Ich hörte am Telefon, dass sie aufgewühlt war. Zuerst machte ich mir Sorgen, denn normalerweise spricht sie immer mit ruhiger Stimme. Diesmal war sogar ihr Atem unruhig. Sie platzte mit der ganzen Geschichte heraus:

»Das kann nicht nur ein Zufall sein. Eine innere Stimme sagte mir, ich solle sie anrufen [ihre beste Freundin]. Ich hörte ihr an, dass es ihr sehr schlecht ging, schlechter denn je. ›Was ist los, Mädel?‹

›Mir geht es gar nicht gut.‹

›Ich komme vorbei.‹

›Ich bin wahrscheinlich keine gute Gesellschaft. Komm lieber nicht.‹«

Meine Freundin fuhr sofort los zu ihrer Freundin, die schon eine Weile arbeitslos war und um die es finanziell sehr schlecht stand. Sie und ihr Mann konnten die Familie nicht mehr ernähren.

»Meine Freundin hatte ihren Tiefpunkt erreicht. In dem Moment läutete ihr Telefon. Ihr Freund Vassilis war dran.

Nach dem Gespräch berichtete sie: ›Zuerst wollte ich nicht drangehen, weil es gerade ein schlechter Zeitpunkt war. Aber eine innere Stimme sagte mir, ich solle abnehmen. Vassilis war bestens gelaunt, denn er hatte bei der Firma X eine ganz wichtige Stelle bekommen, genau in der Branche, in der ich arbeite.‹ Meine Freundin leistet übrigens hervorragende Arbeit. ›Firma X stellt gerade Personal ein, und Vassilis kann seinen Einfluss geltend machen. Außerdem ist er mir einen Gefallen schuldig. Ist das nicht eine schicksalhafte Fügung?‹«

Sie vereinbarte also einen Termin mit ihm. Alles geschieht aus einem bestimmten Grund. Wir nennen es Schicksal oder Zufall, aber das ist es nicht. Alles hat seine Ursache und seine Zeit. Man könnte es einen ausgeklügelten Plan nennen. Ein Streit, ein Telefongespräch oder eine Diskussion findet zu einem bestimmten Zeitpunkt statt, um dir etwas mitzuteilen. Wenn du schon älter bist, wirst du dich an die Basketball-Europameisterschaft 1987 in Athen erinnern und an den Pass, den Panaiotis Jannakis seinem Teamkollegen Nikos Galis zuspielte. Manchmal ergeben sich solche perfekten Torchancen. Fang den Ball, halte ihn nicht stundenlang fest, sondern befördere ihn ins Tor, sonst wird er kalt. Mach es wie die Freundin meiner Freundin: Ruf an, vereinbare einen Termin und geh hin.

Irgendwo in dir gibt es eine innere Stimme, die immer weiß, was zu tun ist. Lerne, auf sie zu hören.

Es war einmal ein gottesfürchtiger Mann, der auf einer verlassenen Insel Schiffbruch erlitten hatte. Eines Tages kam ein Motorboot vorbei.

»Sollen wir dich retten?«

»Nein, Gott wird mich retten«, antwortete der Schiffbrüchige.

Etwas später kam ein Schiff.

»Sollen wir dich retten, mein Freund?«

»Nein, Gott wird mich retten«, sagte der andere.

Schließlich kam ein Helikopter. Der Pilot sah den Schiffbrüchigen und landete.

»Soll ich dich retten, mein Freund?«, fragte er.

»Nein, Gott wird mich retten. Er wird mich nicht vergessen.«

Nach einiger Zeit kam unser Freund in den Himmel.

Dialog mit Gott:

»Gott, warum hast du mich im Stich gelassen? Ich habe darauf gewartet, dass du mich rettest«, beklagte er sich.

Darauf Gott:

»**Wieso, ich hab dir doch drei Retter geschickt!**«

Sprudelwasser

Ich liebe Sprudelwasser, schon seit Jahren. Meine Töchter nennen es Blubberwasser. Es löscht unseren Durst, stärkt uns, erfrischt uns, verjüngt uns. Wir trinken es kastenweise.

Doch einen Nachteil hat es: Es ist oft ausverkauft. Immer wenn ich welches im Laden finde, nehme ich es mit. Zum Glück habe ich einen kleinen Supermarkt gefunden, der es immer vorrätig hat. Ich fahre also dort vorbei, um drei Kästen neues zu bestellen. Sechsunddreißig Flaschen. Die leeren Flaschen werde ich bei Gelegenheit zurückbringen. Wir vereinbaren einen Termin für die Lieferung. Sie sind immer pünktlich.

Um vier läutet es. Ich weiß, dass es der Lieferant ist. Man kann hören, wie er an der Außentür mit den Kästen hantiert. Das sind immerhin fast vierzig Liter! Es dauert eine Weile, dann klopft er an die Zwischentür. Ich gehe runter, um ihm aufzumachen. Ein junger Typ Mitte dreißig, leichte Glatze und unrasiert – diesen Look sieht man in letzter Zeit häufig. Dünne Sonnenbrille ohne optische Gläser. Er ist verschwitzt, müde, völlig erschöpft. Einer, mit dem man sich lieber nicht anlegt. Kurz angebunden.

»Gibt's hier einen Aufzug?«

Er will kein Nein als Antwort.

»Ja. Dritter Stock.«

Er fährt mit den Kästen hoch.

»Wo soll ich sie hinstellen?«

Ich zeige es ihm.

Er ist wirklich mehr als erledigt und obendrein außer Atem.

Im Laden habe ich gesagt, dass ich mit Karte zahlen würde. Ich halte sie und zwei Euro Trinkgeld für ihn bereit. Eigentlich wollte ich ihm zwei Euro fünfzig geben, aber wegen seiner ruppigen Art werde ich das bleiben lassen.

»Ich muss noch einmal runter«, sagt er und versucht, seine Enttäuschung zu verbergen.

»Warum?« (Ich habe schon kapiert, warum.)

»Ich hab das Kartengerät vergessen.« Er schnappt nach Luft.

Er lässt den Kopf hängen und will schon gehen.

Eine innere Stimme sagt mir, ich solle ihn aufhalten.

»Ich habe Bargeld.«

»Würden Sie bar bezahlen?« Er ist überrascht.

»Natürlich.«

Wir werfen uns beide in die Brust.

Er gibt mir die Rechnung.

35,40 Euro.

Ich gebe ihm einen Fünfziger.

Er zählt 14,60 Euro ab.

Ich nehme ihm den Zehner aus der Hand.

»Der Rest ist für dich, mein Freund.«

Er kann es nicht glauben. Zu schön, um wahr zu sein.

Sofort hellt sich sein Gesicht auf. So muss man sich fühlen, wenn man pleite ist und dann im Lotto gewinnt.

»Danke«, sagt er, »danke!«

Er strahlt übers ganze Gesicht.

»Möchtest du ein Glas Wasser, mein Freund?«

»Nein, danke.«

»*Ich* habe zu danken.«

»Vielen Dank.«

Er steigt in den Aufzug und schenkt mir den schönsten Blick, an den ich mich erinnern kann: den Kopf leicht geneigt, die Augen leicht geschlossen, die rechte Hand berührt ganz leicht sein Herz. Der ganze Mensch lacht.

Die Tür schließt sich, aber sein Anblick bleibt.

Danke. Danke …

Gerade habe ich einem Mitmenschen den Tag gerettet.

Ich bleibe allein zurück und vergieße hemmungslos Tränen vor Ergriffenheit und Dankbarkeit.

```
Gut möglich, dass ich in diesem
Moment der glücklichste Mensch
der Welt bin.
```

Danke.

Danke.

Mach die
Fenster zu!

Sie ist meine Homöopathin und gelegentlich auch meine Psychologin und so etwas wie eine Lehrerin. Immer wenn ich bei ihr bin, gehe ich klüger weg.

Es geschah schon vor einiger Zeit. Ich war gestresst, und das zeigte sich psychosomatisch. Ich hatte hundert Dinge im Kopf. Sie sah mich süß lächelnd und verständnisvoll an, wie immer.

Sie drehte ihren Laptop zu mir und begann, Fenster auf dem Bildschirm zu öffnen, eins nach dem anderen. Anfangs verstand ich nicht, was sie tat. Irgendwann hängte sich der Monitor auf, und wir starrten ihn beide an. »Wie kommst du darauf, dass das bei deinem Gehirn anders ist?«, fragte sie. »Wir öffnen dauernd neue Fenster, und irgendwann geht nichts mehr. Und wir fragen uns, warum. Wir meinen, wir könnten alles gleichzeitig tun. Da irren wir uns.« Diese Worte werde ich nie vergessen.

Wir leben in der Zeit des Multitasking und des schönen Scheins. Aber im Inneren bröselt alles. Wenn du alles gleichzeitig tun willst, wird am Ende gar nichts erledigt. »Halbe Sachen machen«, wie man so schön sagt.

Ab und zu habe ich das Gefühl, dass zwar die Technologie voran-
schreitet, wir aber rückwärts- statt vorwärtsgehen. Wir sind zwar
hier, aber nicht präsent.
Der Verstand schweift ab – zur Nachricht, zu Facebook, zu gestern, zu morgen. Und letztendlich sind wir nirgendwo.

> Das schönste Geschenk, das du
> deinen Liebsten machen kannst,
> ist deine Präsenz.

Wenn du anwesend bist, dann sei auch präsent. Verzettle dich
nicht. Verbringe lieber nur eine Stunde statt zehn mit jemandem,
aber sei dann auch eine Stunde präsent, und zwar nur für diesen
Menschen. Lebe nur für eine Sache. Für dein Kind. Für deine Frau.
Für deinen Freund. Für deine Arbeit. Für deinen Journaleintrag.
Für dein Buch. Für deinen Gedanken. Für die eine Sache, für die
du dich entscheiden wirst. Es darf nichts anderes um dich herum
existieren. Atme und lebe nur für diese eine Sache. Widme dich ihr
mit Leib und Seele. Sei konzentriert. Nur dann bist du präsent.
Erst dann kannst du würdigen, was du tust. Erst dann kannst du
das Leben – und auch dich – würdigen.
In Griechenland gibt es eine Redensart: »Zwei Wassermelonen
passen nicht in dieselbe Achselhöhle.«
Heute würde man wohl Singletasking dazu sagen.
Tu also jedes Mal immer nur eine Sache gleichzeitig.

Manchmal kommt es mir so vor, als würden wir einfach die Wahrheit alter Volksweisheiten wiedererkennen.

Und sie dann in moderne Begriffe übersetzen.

Herr
Johannidis

Ich verehrte ihn. Für alte Menschen habe ich einfach etwas übrig, und ich verneige mich vor ihrer Weisheit. Sie haben einen Ehrenplatz verdient für alles, was sie geleistet haben. Sie sind so etwas wie die stillen Helden des Lebens.

Herr Johannidis – so werde ich ihn immer nennen – war für mich wie ein zweiter Vater. Er brachte mir die Arbeit bei SKAI TV und auch etwas über das Leben bei – als würde er sein Leben sehr intensiv leben. Er war ein dynamischer Kosmopolit. Aristokratisch. Dieser Mensch war ganz Gefühl, ganz Lächeln. Er kam irgendwo hin und hinterließ seine Spur, so wie sein Kölnisch Wasser.

Er arbeitete mit mir beim TV-Sender SKAI, wo er immer die großen Kunden übernahm. Genauer gesagt, er übernahm sie, als sie noch klein waren, und machte sie mit seiner ganz eigenen Art groß: mit Überredungskunst und Aufrichtigkeit, guten Argumenten und Musik, mit Logik und Gefühl, mit Vertrauen und Wertschätzung. Auch Herr Johannidis war einmalig, und die Kunden verehrten ihn. Seine Leidenschaft war die Musik. In seiner digitalen Sammlung hatte er zehntausende von Musikstücken und beherrschte das PC-Programm aus dem Effeff, besser als ein Fünfzehnjähriger. Er liebte es, eigene Playlists zusammenzustellen und sie als CDs zu verschenken. Das musikalische Spektrum reichte von Attik und Sofia Vembo bis zu Sinatra und Aznavour.

Er hörte nie auf zu arbeiten, auch als Rentner nicht. Jeden Monat kam er auf einen Schwatz im Büro vorbei, und unsere Seelen vereinten sich. Wenn er da war, kamen alle vorbei, um ihn zu sehen und ein bisschen von seinem Glanz und seiner unvergleichlichen Lebenslust abzubekommen.

Vor ein paar Jahren rief mich seine Frau Nana an, die er verehrte. Eine gepflegte Frau mit eleganter Brille und feinen Manieren. Ihre Stimme zitterte. »Stefanos, Nikos hat uns verlassen …«, sagte sie und brach in Tränen aus. Und ich mit ihr.

An einem sonnigen Winternachmittag nahmen wir auf dem Friedhof in Athen-Cholargos Abschied von ihm. Wie nimmt man Abschied von einem Menschen, der mitten im Leben gestanden hat? Nicht mit Tränen, sondern nur mit einem Lächeln. Wir erinnerten uns an das, was wir mit ihm erlebt hatten.

Und Erinnerungen gab es unzählige. Nach dem Kaffee saßen wir zusammen, sprachen noch einmal darüber und lachten dabei herzlich, ohne eine Spur von Anstand. Zum Schluss setzten sich auch Johannidis' Frau Nana und seine Kinder zu uns, und wir lachten zusammen und feierten sein Leben. Das war vielleicht der schönste Tag, den wir mit ihm verbracht hatten.

Damals hatte ich Nana versprochen, mich auch in Zukunft regelmäßig mit ihr zu treffen. Darüber freute sie sich sehr. Doch ich tat es nicht. Nie.

Vor Kurzem rief mich Johannidis' Sohn Jorgos an, der seinem Vater wie aus dem Gesicht geschnitten ist. Ich konnte nicht ans Telefon gehen und rief ihn später zurück.

»Wie geht es Ihnen, Jorgos? Und Ihren Kindern? Ich freue mich sehr, Sie zu hören …«

»Uns geht es gut, Stefanos.« Von dieser Familie hätte man nie etwas Schlimmes gehört. »Aber ich habe schlechte Nachrichten. Gestern ist meine Mutter verstorben … ich wollte sie besuchen und fand sie schlafend vor. Sie ist nicht mehr aufgewacht.«

Ich hörte ihm stumm zu.

»Stefanos, sind Sie noch da?«

»Jetzt ist sie mit Ihrem Vater zusammen, Jorgos«, sagte ich kaum hörbar.

»Ja, Stefanos, genau. Heute um 15 Uhr wird sie beerdigt. Da, wo wir Vater beerdigt haben.«

Schieb niemals Dinge auf, mein Freund.

Nana werde ich nie mehr wiedersehen.

Manchmal kommt dieses
verflixte Morgen nicht.

Tu dir selbst etwas Gutes

Sonntagabend. Ich bin meine Kilometer gelaufen, habe in mein Journal geschrieben, und die Zeit reicht sogar noch, mir einen Film anzuschauen. Nur ich allein. In einem Vier-Sterne-Sommerkino – eine Superkombination!

Es wird knapp, nach dem Joggen noch zu duschen, vielleicht ziehe ich mich nur um, überlege ich. Aber diese Idee behagt mir nicht, und deshalb überlege ich noch einmal. Die Entscheidung fällt spontan. Es bleibt noch Zeit, um zu duschen. Unter der Dusche wasche ich den Staub gründlich ab. Ich schaue in den Spiegel. So gefalle ich mir!

Jetzt die Klamotten. Die Zeit drängt. Die Kombi hängt schon bereit: die Bermuda und das T-Shirt, die ich vormittags schon anhatte. Beides ist leicht zerknittert, aber sauber. Ich will sie schon anziehen, überlege es mir aber anders, öffne eine Schublade, nehme eine frisch gebügelte Bermuda heraus und ziehe sie an. Ich fühle mich blendend. Aus dem Schrank hole ich ein neues, ebenfalls frisch gebügeltes T-Shirt. Beide sind schön, kombiniert aber noch schöner. Wie ein Pärchen beim ersten Date. Jetzt die Schuhe. Meine Joggingschuhe stehen schon neben der Tür bereit. Nein, ich werde meine guten Schuhe anziehen. Die Streetschuhe. So heißen sie bei den Trendbewussten. Ich schaue mich im Spiegel an. Jetzt ist mein

Outfit komplett. Es ist eine der letzten Sommernächte im September. Und wenn es kühl wird? Nimm für alle Fälle noch ein Hoodie mit. Ich stecke noch einen Zwanziger in die Gesäßtasche und bin fertig. Auch hier Änderung im Skript: Ich tausche den Zwanziger gegen einen Fünfziger. Und falls ich so richtig verschwenderisch sein will? Dann sollte ich ja genug Geld dabeihaben. Ich steige in den Smart und fahre los. Noch ein Blick in den Rückspiegel, und ich pfeife anerkennend durch die Zähne. Gut gemacht, Stefanos!

Fünf Minuten vor Vorstellungsbeginn komme ich beim Kino an. Ich genehmige mir einen Softdrink, finde einen guten Platz und setze mich, um die Trailer und meinen Softdrink zu genießen. Auch mein Schnurrbart hüpft vor Freude mit.

```
Es ist ganz wichtig, dass du
für dich sorgst.
Du fühlst dich wunderbar,
ja wichtig. Du fühlst, dass
du all das wert bist.
```

Du spürst, dass der wichtigste Mensch deines Lebens auf dich achtgibt und dich wertschätzt – nämlich du selbst. Und das ist unbezahlbar.

Oft speisen wir unser Selbst mit allen möglichen Resten ab. Früher tat ich das immer wieder. Mein armes Ich beklagte sich nie und sagte auch nichts. Aber ich weiß, wie stolz es ist, wenn ich mich um es kümmere. Wenn ich ihm zeige, wie viel Rücksicht ich auf es nehme und wie sehr ich es liebe. Dann hebt es ab.

Der Film ist außergewöhnlich gut. In der Pause gehe ich auf die Toilette. Vor mir steht ein seriöser Mann mittleren Alters. Ich verlasse die Toilette als Erster. Es gibt zwei Waschbecken, ich stehe am rechten. Der Herr kommt auf meiner Seite heraus. Ich überlasse ihm das rechte Waschbecken und gehe ans linke. Ich drehe den Wasserhahn nicht zu, damit er es leichter hat, und lächle ihm zu. Er lächelt zurück und bedankt sich.

»Schöner Film«, sage ich zu ihm.

»Ja, sehr schön …«, antwortet er.

»Noch viel Vergnügen«, rufe ich ihm im Gehen zu.

»Danke, Ihnen auch.«

»Alles Gute.«

Tu dir manchmal etwas Gutes.

Mobbing

Manche Eltern machen mich verrückt. Das war schon immer so, aber seit ich selber Kinder habe, machen sie mich noch verrückter. Manche Eltern haben beschlossen, durch ihre Kinder zu leben. Sie behandeln sie auf die schlimmste Weise, halten sich und ihresgleichen aber für hervorragende Eltern. Sie respektieren ihre Kinder nicht, weil sie sich im Grunde nie selbst respektiert haben. Sie flößen den Kindern ihre eigenen Ängste ein, weil sie nicht den Mumm haben, sich ihnen selbst zu stellen. Statt ihr eigenes Leben neu auszurichten, schicken sie die Kinder rund um die Uhr ins Ballett und zum Schwimmen, ins Karate und zur Leichtathletik und bestimmen, welchen Sport die Kinder machen sollen. Und natürlich regen sie sich auf, wenn die Kinder nicht ihrer Meinung sind. Sie bestimmen, was sie anziehen sollen, welche Schulfächer sie mögen sollen, welche Gefühle sie empfinden sollen, wie sie ihre Beziehung führen sollen, welche berufliche Laufbahn sie einschlagen sollen und, zu guter Letzt, was für ein Leben sie führen sollen, falls das überhaupt ein Leben für die armen Dinger ist.

Sie suchen die Freunde ihrer Kinder auf Basis der Elternteile aus, mit denen sie selbst kompatibel sind. Sie treffen Entscheidungen für sie und vernebeln dabei glattweg jegliche »unerwünschten« Entscheidungen. Sie entscheiden, was die Kinder essen, zu welcher Party sie gehen, bei welcher Temperatur sie frieren und wen sie sympathisch finden sollen. Sobald die Kleinen verzweifelt ihre wichtigsten Gefühle zum Ausdruck bringen wollen, sind diese Eltern nicht präsent, obwohl sie anwesend sind. Sie nutzen ihren größeren Wortschatz, der den Kindern in diesem Moment noch nicht zur Verfügung steht, dazu, um ihre kleine Seele zum Schweigen zu bringen. Selbst wenn diese Kinder schon vierzig Jahre alt sind, setzen die Eltern ihnen immer wieder zu und tun ihrer Existenz Gewalt an, so wie damals, als sie vier Jahre alt waren. Bis auf wenige Ausnahmen werden diese »Kinder« auch mit fünfzig nicht auf eigenen Füßen stehen können und kein eigenes Leben gehabt haben. Wenn und falls sie merken, wie toxisch ihre Eltern in Wahrheit sind, werden sie eine Riesenwut auf sie bekommen, und die Eltern werden sich ratlos fragen, warum. Einfach um zu überleben!

Wo mir aber wirklich der Kragen platzt, ist, wenn einer dieser Elternteile – ja, diejenigen, die ihre Kinder rund um die Uhr zerstören – in Panik gerät, weil ein anderes Kind seine Kinder bei einer Rauferei auf dem Schulhof angerempelt und damit gemobbt hat. Dann gerät er außer sich und legt sich mit den Lehrern, der Schule und anderen Eltern, mit den Behörden, ja sogar mit dem Ministerpräsidenten an … Er kapiert einfach nicht, dass er mit seinem Verhalten die Seele seines Kindes mobbt – zwar ohne es zu wollen, aber dennoch systematisch.

Ein außergewöhnlicher Pädagoge schlug in seinem Vortrag vor, wir sollten unseren Kindern als »ebenbürtigen menschlichen Wesen« gegenübertreten. Dazu muss man aber den Mumm – und andere Dinge – haben, dem abzuschwören, was man für die einfachste Lösung hält: nämlich seine Kinder zu beherrschen oder, noch schlimmer, durch sie zu leben.

> **Kinder brauchen Eltern, die ihnen alle Wege erleuchten, sie aber nicht dort entlangschicken.**

Oder die sie wenigstens nicht dazu drängen, den »richtigen« Weg einzuschlagen.

Kinder brauchen Eltern, die deren bewusst getroffene Entscheidungen unterstützen, auch wenn sie damit nicht einverstanden sind. »Eure Kinder sind nicht eure Kinder«, sagte der Dichter Khalil Gibran einmal weise. »Sie kommen durch euch, aber nicht von euch. Und obwohl sie mit euch sind, gehören sie euch doch nicht. Ihr dürft ihnen eure Liebe geben, aber nicht eure Gedanken.«

In der berühmten Szene des Films *Philadelphia*, kurz vor der Gerichtsverhandlung, bereitet Tom Hanks in der Rolle des Andrew Beckett seine Eltern auf die schwierigen Momente vor, die sie beim Gericht erwarten. »Wir sind unglaublich stolz auf dich, mein Sohn«, sagt sein Vater zu ihm. »Wir haben unsere Kinder nicht dazu erzogen, im Bus auf den hintersten Plätzen zu sitzen«, sagt seine Mutter stolz zu ihm, und beide schauen ihm in die Augen. »Ich liebe euch«, antwortet Hanks gerührt.

Solche Eltern wollen wir.

Lass die Tür deines Herzens offen

Ich schreibe an diesem Buch, mit Liebe und Leidenschaft, pausenlos. Irgendwann klingelt mein Handy. Es ist eine MMS von meiner Tochter. Das Foto zeigt sie mit ihrer Mutter, als sie gerade bei ihrem kleinen Cousin babysitten. Dazu hat sie mir Zeilen aus dem griechischen Volkslied »In den Schaum des Meeres« geschickt. Dieses Lied sang ich ihr früher, als sie noch ein Baby war, vor, wenn ich sie ins Bett brachte. Dann sah sie mich jedes Mal mit ihren Kulleraugen an und war hingerissen, wenn sie es hörte. Kurz darauf fielen ihr die Augen zu, während sie meine Hand so lang auf ihrem Bäuchlein fest umklammert hielt, bis sie eingeschlafen war. Dies wird immer unser Lied sein, das uns bis zum Schluss und darüber hinaus verbinden wird …

Jetzt ist sie neun und kennt den Text. Sie hat sich daran erinnert und ihn mit mir geteilt. Ich sehe sie und ihre jüngere Schwester nicht mehr jeden Tag, doch wir stehen jeden Tag zusammen auf und gehen gemeinsam zu Bett. Irgendwo tief in meinem Innern, an einem geheimen Ort, werde ich sie immer bei mir haben, ganz gleich, wie alt sie sind, ganz gleich, wie alt ich bin. Wohin sie auch gehen, wohin ich auch gehe …

Ich lese den Liedtext noch einmal und erinnere mich an jene magischen Augenblicke, als ich ihn ihr vorsang, und spüre, wie sich etwas in mir rührt. Etwas ganz Starkes. Meine Augen werden feucht. Und meine Seele wird berührt. Ich spüre, was mein Mädchen spürte, als sie die Worte las. Wir sind eins. *Und ich schicke es meinem Papa, mit meinen kleinen Händen.* Und ich werde eins mit ihrem sehnsüchtigen Wunsch, ich möge ihn doch lesen. Für kurze Zeit bin ich sie.

Ich gebe mich dem Gefühl hin, lasse mich von ihm erfüllen und genieße es. Inzwischen weiß ich, dass dies alles ist, was ich besitze und bestimmen kann. Ich werde zu diesem Gefühl. Ich lasse es durch meinen ganzen Körper strömen. Ohne Fahrverbote und Richtungsvorgaben. Ohne Geschwindigkeitsbegrenzungen. Ich weiß, dass ich dieses Gefühl so nie mehr im Leben erleben werde. Das war nicht immer so. Früher habe ich dieses Gefühl versteckt. Ich schämte mich dafür.

Auf uns Männern lastet von Geburt an ein Fluch: Wir dürfen nicht weinen. Wir müssen stark sein. Ich pfeife drauf.

Zum Glück weiß ich es heute besser.

Stark ist der, der sich verletzlich zeigt.

Der, der weint.

Der, der sich beugt.

Der, der manchmal etwas nicht kann.

Früher ließ meine Oma immer die Tür offen.

Sie machte sie nicht zu und schloss sie auch nicht ab.

Freunde kamen herein. Der Wind kam herein. Das Leben kam herein.

Und ich beschloss, dass ich mein Leben auch so leben wollte.

Mit offenen Türen.

Damit die Sonne hereinkommt.

Um mich zu wecken.

Um mich zu wärmen.

Danke, mein süßes kleines Mädchen.

Der Dieb

Manche Menschen haben Angst vor Dieben. Angst, dass sie ihnen ihr Geld, ihr Haus, ihr Auto, ihre Kinder und die verrücktesten Dinge stehlen, die sich ihr Hirn ausdenkt.

Es gibt jedoch noch einen anderen Dieb. Er ist hinterlistiger und viel gefährlicher: der Dieb in uns. Der Typ ist ein Profi. Er bestiehlt uns jeden Tag, und noch dazu geräuschlos. Er raubt uns unsere Träume, unseren Optimismus, unsere Freude, unsere Inspiration, unsere Disziplin, unsere Energie. Er saugt uns das Leben aus.

Doch wir sind mit ihm eins geworden und nehmen ihn nicht wahr. Er hat sich in uns eingenistet wie ein Computervirus, der in aller Ruhe und effizient seine Arbeit verrichtet. Oder wie ein Holzwurm, der lautlos, aber effizient das Holz zerfrisst.

Das folgende Märchen stammt von den Indianern. Ein alter Mann unterhielt sich mit seinem Enkel. »Du hast zwei Wölfe in dir«, sagte er zu ihm. »Der eine verkörpert das Böse: den Zorn, den Neid, den Kummer, die Enttäuschung, die Gier, die Überheblichkeit, das Selbstmitleid, die Lügen, die Minderwertigkeitsgefühle, die Eitelkeit, den Hochmut und den Egoismus. Der andere Wolf verkörpert das Gute: die Freude, den Frieden, die Liebe, die Hoffnung, die Gelassenheit, die Demut, die Freundlichkeit, die Nächstenliebe, das Mitgefühl, die Großzügigkeit, die Barmherzigkeit und den Glauben an Gott.« Der Enkel hörte ihm gebannt zu und fragte zum Schluss: »Welcher Wolf wird den Kampf gewinnen?« Der alte Mann überlegte kurz und gab dann zur Antwort: »Der, den du häufiger fütterst.«

Jeder Wolf hat sein Lieblingsfressen. Der böse Wolf liebt viel Fernsehen, unkontrollierten Social-Media-Konsum, Einmischung in fremde Angelegenheiten, einen plappernden Verstand, Kritik, Missgunst, Tratsch, Nörgelei, Lügen, Groll, toxische Menschen, schlechte Ernährung, wenig Schlaf, Routine, Bequemlichkeit, Faulheit, Obsessionen, andere ausspionieren, eine »Da kann man nichts machen«-Einstellung. Der gute Wolf ernährt sich von Tugenden und guten Gewohnheiten: Liebe, Freundlichkeit, einem Dankeschön, Selbstachtung, einem Lächeln, Konzentration, Dankbarkeit, Handeln, steter Weiterentwicklung, Aufrichtigkeit, Konsequenz, sportlicher Betätigung, körperlicher Bewegung, viel Wasser trinken, von tiefen Atemzügen, einer guten Körperhaltung, morgens früh aufstehen, guter Planung und harter Arbeit.

```
Den bösen Wolf zu füttern und zu
erwarten, dass er nicht größer
wird, ist wie Kuchen essen und
hoffen, dass du dabei abnimmst.
```

Sorge dafür, dass der gute Wolf immer ausreichend gefüttert wird. Er verjagt den Dieb.

Das ist deine Aufgabe.

Die
Bademeisterin

Sie war weit und breit die Schönste, jedenfalls bestimmt die auffallendste. Ihre Eleganz, ihr schöner Körper und das breite Haarband waren das Tüpfelchen auf dem i. Man konnte sie gar nicht übersehen. Der einzige Nachteil: Ihr Selbstbewusstsein grenzte schon an Selbstverliebtheit.

Es war unser letzter Tag im Hotel, und wir hätten eigentlich schon weg sein müssen, um pünktlich woanders zu sein. Ich kann anderen schlecht einen Gefallen abschlagen, und meine Töchter wissen das genau. Deshalb quetschte die ältere schnell noch ein paar Fahrten auf der Wasserrutsche rein.

Die schöne Bademeisterin hatte Aufsicht. Sie unterhielt sich mit einem ihrer Kollegen, aber man sah, dass ihr nichts entging. Während meine Tochter immer wieder hinunterrutschte, stolzierte die Frau herum und richtete ihr Haarband, fasste ihr Haar zusammen, strich es glatt und steckte es dann sorgfältig und ostentativ wieder zurück. Das ging endlos. Ihre Selbstgefälligkeit schien grenzenlos. Sie lebte nur für sich.

Ich war irritiert und beobachtete sie weiter. Sie stolzierte weiterhin herum, und ich wurde immer gereizter.

Es muss die letzte Rutschpartie meiner Älteren gewesen sein. Die Jüngere wollte ihrer Schwester unbedingt dabei zusehen, aber sie kam nicht so weit, denn die schöne Bademeisterin hatte erraten, was sie vorhatte. Ich hatte keine Ahnung wie, denn sie hatte sich nie zu der Kleinen umgedreht. Zärtlich beugte sie sich zu ihr hinunter und nahm sie in den Arm. Ich zuckte kurz zusammen. Vorsichtig hob sie die Kleine hoch und setzte sie wohlbehalten auf einen Sims, damit sie etwas sehen konnte. Wie eine Mutter. Meine kleine Tochter war ebenfalls überrascht, zeigte es aber nicht. Sie hatte nur Augen für ihre Schwester. Die Umarmung dauerte mehrere Sekunden. Als meine Ältere unten angekommen war, drehte meine Tochter sich zu der Bademeisterin um und schenkte ihr ein dankbares Lächeln. Diese setzte sie langsam ab und umarmte sie noch einmal zärtlich. Die Kleine starrte sie nur an, glücklich und beeindruckt.

Die schöne Bademeisterin lächelte mir freundlich zu, und ich lächelte zurück.

Auf einmal war die Müdigkeit nach diesem ereignisreichen Tag von mir abgefallen.

Ich setzte mich in eine Ecke und lachte vor mich hin.

Dann schnappte ich mir die Mädchen, und wir gingen.

Mir fiel ein bekannter Satz ein, den ich neulich gelesen hatte:

»Urteile nicht über mich,
denn ich sündige nur anders als du.«

Der Drummer

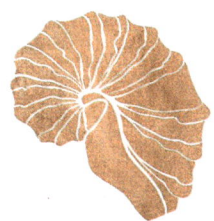

Ich habe ihn schon mal gesehen. Er trägt immer Schwarz und Sommer wie Winter eine Sonnenbrille im Haar. Für einen Drummer war er nicht besonders cool. Aber so hatte ich ihn noch nie gesehen. Heute stahl er mir mein Herz und raubte mir den Verstand. Er raubte mir alles. Drei Minuten lang, während er sein Solo spielte, war ich woanders. Ich weiß nicht wo, aber ganz bestimmt bei ihm. Es war eine kleine Schulfeier, und wir Eltern waren eingeladen worden, um die Musik zu genießen.

Lautlos betrat der Drummer die Bühne. Auf leisen Pfoten, wie eine Katze. Dann legte er los. Die Drums wurden immer schneller und lauter. Und ich auch. In diesen drei magischen Minuten war der Typ in Ekstase und starrte irgendwohin in die Ferne. Ich weiß nicht, wohin sein Blick ging, aber dort muss das Paradies gewesen sein. Ein Teil von ihm war dort, der andere Teil bei uns. Er hatte sich zweigeteilt und wurde nachher wieder eins. Ein außergewöhnliches Eins. Das Finale nahte und damit der Höhepunkt. Wie beim Sex, wenn du spürst, dass es gleich so weit ist. Ein Teil von dir will ihn unbedingt haben, der andere Teil von dir hat Angst, dass es dann vorbei ist.

Als der Drummer fertig war – und ich auch –, applaudierten wir ihm. Aber der Typ hörte gar nicht hin. Sein Blick war immer noch starr auf das Paradies gerichtet, als würde er stumm sagen: »Ich bin bereit. Hol mich, wann immer es dir beliebt.«

Manche Menschen wissen gar nicht, wie sie anders leben sollen. Sie erleben immer alles zu 100 Prozent, sowohl Freude als auch Schmerz. Denn auch den Schmerz muss man erleben. Wer den Schmerz nicht kennt, kann auch keine Freude erleben. Solche Menschen wissen, wie man stirbt, wissen aber auch, wie man wiederaufersteht. Sie haben gelernt, alles zu geben, auch wenn sie gar nicht mehr viel haben.

Sie verabscheuen ein oberflächliches Leben. Wasser trinken sie am liebsten eiskalt, selbst im tiefsten Winter. Sie haben keine Angst, etwas zu verlieren, weil sie alles, was sie brauchen, in sich haben. Sie sind nicht auf der Welt, um sich das Leben einfach zu machen, sondern um alles zu geben. Sie sind hier, um ein Extrem nach dem anderen zu erleben. Sie wissen, was es heißt, für eine Passion zu sterben. Sie wissen, wie man auf der Bühne, beim Blick durchs Mikroskop oder mit dem Stift in der Hand stirbt. Überall. Für sie bedeutet das nicht den Tod, sondern das Leben.

```
Man nennt es Leidenschaft,
und wenn man nichts hat,
wofür man sterben will,
dann hat das Leben keinen Sinn.
```

Man nennt es Leidenschaft, und wenn sie einem fehlt, ist das Leben dürftig.

Als hätte man dir ein Auto gegeben,
und du hast keinen Führerschein.

Sprich mit dir

Als Kind mochte ich keine Artischocken. Später wurden sie zu einer meiner Lieblingsspeisen. Seitdem habe ich beschlossen, neuen Dingen Einlass in mein Leben zu gewähren.

Hätte mir das jemand vor ein paar Jahren gesagt, hätte ich darüber gelacht oder ihn vielleicht auch auf die Schippe genommen. Letztendlich muss man es einfach ausprobieren. Über Affirmationen las ich zum ersten Mal in einem Buch von Louise Hay. Eine Affirmation ist alles, was du dir selbst sagst, laut oder im Stillen, ob es dir bewusst ist oder nicht. Jeden Tag gehen uns vierzigtausend Gedanken durch den Kopf, alle zwei Sekunden einer. Die meisten davon sind unterbewusst und für gewöhnlich negativ. Ein zehnjähriges Kind hat zu Hause, in der Schule oder in den Medien ungefähr schon tausend Stunden negativer Belehrung abbekommen. Diese ganzen »Nein« und »Nicht« sind der Samen, der anfängt zu keimen, dann sprießt und zum Schluss Früchte trägt. Alle zwei Sekunden eine.

Alle Eltern wollen ihr Kind unterstützen, von seinem ersten Schritt und seinem ersten Wort an. Später verkrüppeln die allermeisten ihre Kinder, unabsichtlich, so wie sie selbst auch von ihren Eltern verkrüppelt wurden: »Pass auf«, »Du wirst hinfallen«, »Das ist nichts für dich« und dergleichen mehr. Sie pflanzen ihren Kindern den schlimmsten Virus ein: den Virus der erlernten Hilflosigkeit. Auch ihnen wurde er einst eingepflanzt, auch wenn sie damals noch keinen Laptop hatten. Und das Kind glaubt es. Es spürt, dass es etwas nicht kann, sein Leben nicht selbst bestimmt und nichts wert ist. Und irgendwann mag es sich selbst nicht. Es fängt an, grundlos gegen sich und das Leben zu kämpfen.

Unser Gehirn braucht jetzt eine neue Software, denn es ist zu langsam geworden.

> **Affirmationen sind deine neue Software. Die neue Geschichte, die du dir selbst erzählst.**

Die Geschichte, die zu deinem Vorteil ist. Nicht die, die zu deinem Nachteil ist.

Deine Affirmationen sind deine neue Wahrheit. Dazu setzt du dich vor den Spiegel und sagst etwas Nettes zu dir. Immer wieder. Immer wieder dasselbe. Bis du es glaubst. Das kann Monate dauern, vielleicht auch Jahre. So lang hat es gedauert, um deine alte Geschichte in dir zu verankern. Bis du die neue Geschichte verinnerlicht hast, wird es genauso lang dauern. Affirmationen solltest du am besten frühmorgens gleich nach dem Aufwachen und abends kurz vor dem Einschlafen machen. Dann, wenn der Boden noch weich ist. Sie werden im Präsens und immer positiv formuliert, und es geht dabei nur um dich. Auf die Software anderer Menschen hast du keinen Einfluss.

Mit meinen Töchtern mache ich schon seit Jahren Affirmationen. »Ich bin es wert« ist eine davon, und wir sagen sie hundertmal, morgens und abends. Je öfter du sie sagst, desto mehr glaubst du sie. Und je mehr du sie glaubst, desto besser fühlst du dich. Die Affirmation ist dein Samen. Du musst sie gießen und pflegen, damit sie wächst. Und du musst sie düngen. Das nennt man Handeln.

Eines Tages sagte meine Jüngere (damals sechs Jahre alt) zu mir: »Papa, weißt du eigentlich, was passiert, wenn ich ganz oft ›Ich bin es wert‹ sage?«

»Nein, was denn?«

»Ich lächle. Ohne es zu wollen.«

Das kann eine Affirmation bewirken.

Sie bringt deine Seele zum Lächeln.

Ohne es zu wollen.

Der Pakistaner

Mittags auf dem Alexandra-Boulevard in Athen. Während ich dort entlanglaufe, hält neben mir ein Frachtdreirad, das seltsamerweise nicht den gewohnten Lärm macht. Ein gepflegter Pakistaner steigt aus. Er hat das Gefährt ordentlich neben einem Recyclingcontainer abgestellt, sodass es den Verkehr nicht behindert, und die Warnblinker eingeschaltet. Der Pakistaner ist gut frisiert und seriös gekleidet. Er trägt eine lange Hose und ein Hemd, und seine Schuhe sind blitzblank. Zielstrebig geht er auf den Recyclingcontainer zu. Meine Neugier ist geweckt und ich beobachte ihn. Vorsichtig öffnet er den Containerdeckel und inspiziert den Inhalt. Zum Schluss entscheidet er sich nur für die Kartonschachteln. Aus seiner Tasche holt er ein Teppichmesser und zerschneidet damit sorgfältig die unbrauchbaren Klebebänder und löst sie vorsichtig ab, als wollte er dem Karton keine Wunde zufügen. Dann drückt er geduldig die Schachteln so flach, dass sie möglichst wenig Raum einnehmen, stapelt sie ordentlich aufeinander und legt sie neben sich. Als er eine bestimmte Anzahl Kartons zusammengelegt hat, schnürt er sie vorsichtig mit dem bekannten blauen Plastikband zu gleichförmigen Bündeln zusammen und stapelt diese – immer noch mit chirurgischer Präzision – aufeinander.

Ich starre ihn an. Er hat mich buchstäblich in seinen Bann gezogen. Er ist einer jener Menschen, deren Liebe zu dem, was sie tun, schon auf den ersten Blick deutlich sichtbar wird.

Danach legt er die gleichförmigen Bündel vorsichtig in den Anhänger seines Frachtdreirads. Er behandelt die Bündel, als wären sie die kostbarste Fracht der Welt. Das Endergebnis ist außergewöhnlich – auf jeden Fall ein tolles Fotomotiv. Ich traue mich nicht, ein Foto zu machen, denn ich will ihn nicht kränken. Er schließt vorsichtig den Containerdeckel, zurrt die Bündel auf der Ladefläche des Frachtdreirads ordentlich fest, schaltet die Warnblinkanlage aus und setzt sich ans Steuer. Vorsichtig fädelt er sich wieder in den Verkehr ein und steuert wenig später mit derselben Präzision den nächsten Container mit seinem Piratenschiff an.

Ich rühre mich eine Weile nicht vom Fleck, um nachzuspüren, was ich gerade gesehen habe. Ich fühle mich ekstatisch. Ich habe es genossen, will aber noch mehr. Der Typ macht seinen Job so, als wäre es der wichtigste der Welt. Buchstäblich ehrerbietig führt er ihn aus. Fast schon perfekt. Der Pakistaner hat mir mein Herz gestohlen.

Zu gern hätte ich genau diese Szene detailliert mit der Videokamera protokolliert, um sie auch anderen zu zeigen – meinen Töchtern, meinen Freunden, meinen Mitarbeitern, Bekannten und Unbekannten, der ganzen Welt. Sie hätte den Titel »So hast du Erfolg«. Ziehe morgens deine guten Kleider an, egal wo du hingehst. Liebe und schätze, was du tust, aber liebe und schätze vor allem dich selbst.

```
Mach deine Arbeit so, als wäre
sie das Wichtigste auf der Welt,
auch wenn sie es nicht ist.
```

Widme dich völlig deiner Arbeit, als würde nichts anderes um dich herum existieren. Erledige sie mit Leidenschaft und Liebe, so wie du mit deinem Schatz Liebe machen würdest. Tu sie, als wärst du der Weltbeste, egal ob du Lumpensammler bist oder Müllmann oder Kioskbesitzer oder wonach auch immer deine Seele sich sehnt. Tu sie vor allem für dich selbst, damit zuerst du dich gut fühlst, und kümmere dich erst dann um deine Mitarbeiter und Kunden. Hinterlasse die Welt jedes Mal ein bisschen besser, als du sie vorgefunden hast.

So wie jener gepflegt gekleidete Pakistaner mit den blitzblanken Schuhen.

Die griechische Seele

Als besten Freund würde ich ihn nicht bezeichnen, aber er ist ein Freund, den ich schätze und liebe, so wie er mich auch. Ich hatte in Athen in der Nähe seines Büros zu tun und rief ihn an, ob ich vorbeikommen könne. Ich hörte ihm seine Freude an. Er arbeitet in einem erfolgreichen Unternehmen – welches es ist, spielt keine Rolle – und empfing mich herzlich. Er ist dort angestellt, nicht der Chef. Wir saßen eine Weile in seinem Büro, und dann schlug er mir vor, in der Nähe schnell einen Kaffee zu trinken.

Beim Hinausgehen nahm er mit dem Einverständnis des Verantwortlichen ein paar Produkte des Unternehmens mit, die er mir für meine Töchter mitgeben wollte. Ich war überrascht. Es waren nicht ein oder zwei, sondern recht viele Produkte, offenbar ein Teil der Produkte, die ihm als Angestelltem für sein eigenes Kind zustehen. Zuerst lehnte ich ab, doch er bestand darauf, mit dieser bekannten griechischen Beharrlichkeit, die sich aus dem »seelischen Bedürfnis« dessen speist, der etwas gibt, um es mit anderen zu teilen. Mein Nein ließ er nicht gelten. Seine Geste bewegte mich und berührte mich tief. Ich bedankte mich herzlich.

Im Café fragte er, was ich gern hätte, und war von Anfang an so klug zu sagen, dass er mich einladen wolle. Ich bestellte Kaffee, und er ging selbst zur Theke, um zu bestellen und ihn mir zu bringen, oder besser: ihn mir zu servieren, als wäre ich Gast bei ihm zu Hause. Dieses Gefühl vermittelte er mir. Wir sprachen lange über das, woran ich gerade arbeitete, und er hörte mir nicht nur zu, sondern nahm das, was ich ihm erzählte, sichtlich ernst. Er gab mir mehrere Ratschläge, als wäre er mein Geschäftspartner. Es war ihm ein Bedürfnis, das aus seinem tiefsten Innern kam. Zum Schluss bekamen wir die Rechnung, und natürlich wollte er mich nicht bezahlen lassen. »Kommt nicht in Frage!«, sagte er. Was mich rührte, war nicht das Geld, sondern seine Geste.

Jetzt wirst du sagen: »Das war ja nichts Besonderes.« Für mich war es das aber. Es rührte mich zutiefst. Das ist die griechische Seele. Wer im Ausland unterwegs war oder dort gelebt hat, weiß, dass man sie nicht so einfach findet. Man nennt es Gastfreundschaft, aber eigentlich ist es Liebe. Uneigennützige Liebe, die aus dem Bedürfnis heraus erwächst, etwas zu geben und nichts zurückzufordern.

Vor Jahren war ein englischer Professor in Athen zu Gast, der bei uns im Aufbaustudium Vorlesungen hielt. Er erzählte uns eine Geschichte, die ich nie vergessen werde: Er machte mit seiner Partnerin Ferien in Griechenland, und sie waren in der Nähe der Athener Plaka auf der Suche nach einem bestimmten Restaurant. Sie trafen einen Einheimischen und fragten ihn nach dem Weg. Der Mann wies ihnen nicht nur den Weg, sondern führte sie selbst hin. Sie bedankten sich und sahen aus dem Augenwinkel, dass er sich noch mit dem Restaurantbesitzer unterhielt. Nach dem Essen baten sie um die Rechnung, und der Restaurantbesitzer sagte ihnen, dass der Einheimische ihnen den Wein spendiert habe. Der Professor war sprachlos. Er sagte, das sei ihm noch nirgendwo auf der Welt passiert. Nur in Griechenland. Und er schloss mit den Worten:

»Ihr Griechen besitzt
etwas Großartiges.
Lasst nicht zu,
dass es verloren geht.«

**Jener Nachmittag mit meinem Freund
in der Athener Innenstadt
erinnerte mich an diese Geschichte.**

Dein Mist

Über dieses Thema könnte man viel diskutieren. Alles begann mit jenen roten Korrekturen, die unsere Lehrerin in der Grundschule in unsere Hefte machte. Sie drückte den Stift so fest auf, dass die Striche auch auf der Rückseite sichtbar wurden. Wäre dein Aufsatz ein Gemälde gewesen, dann wäre Rot das Hauptthema und dein Text der Hintergrund gewesen.

Wir wurden älter, und es war, als hätten sich diese roten Markierungen auch in unsere Seele eingeprägt. Wie bei den alten Kinoscheinwerfern: Egal welcher Film gezeigt wird, auf der Leinwand wird sich der rote Fleck abzeichnen, weil er in die Glühbirne eingebrannt ist.

Doch diese roten Markierungen gehören zu deinem Leben – und zu deiner Glühbirne, ob es dir passt oder nicht. Du kannst es noch so sehr leugnen, aber ein Leben ohne rote Markierungen gelingt nicht. Erst sind es die Korrekturen deiner Mutter, dann die deiner Lehrerin, dann die des Nachbarn, dann deine eigenen. Akzeptiere sie, dann findest du Ruhe. Liebe deine Fehler, dann bist du gerettet. Dein Haus hat zwei Türen, so wie dein Leben: die Vordertür, durch die die Gäste eintreten, und die Hintertür, durch die du den Abfall hinausbeförderst. Und beide Türen gehören dir. Einmal abgesehen davon, dass die vordere Tür ihre Opulenz der unansehnlichen Hintertür zu verdanken hat. Du brauchst nur einmal den Abfall durch die Vordertür hinauszubefördern, dann wirst du verstehen.

Du bist erst dann vollständig, wenn du deine Fehler annimmst – deine »dunkle Seite«, wie Fachleute es nennen. Du kannst es auch deinen Mist nennen. Dein Mist – das bist du und wirst es immer sein, das kannst du noch so sehr abstreiten. Je mehr du versuchst, ihn zu verbergen, desto mehr wird er stinken. Mist wirft man auf den Erdboden. Zuerst stinkt er, doch dann wird daraus bester Dünger.

In guten Zeiten sind wir alle großartig, aber Mist ist die Substanz des Lebens. Schlaue Menschen lieben ihren Mist. Sie reden darüber, zeigen ihn, legen ihn an die Luft und verstecken ihn nicht. Sie wissen, dass es vor allem *ihr* Mist ist. Deshalb schätzen und lieben sie ihn.

```
Die bedeutendsten Menschen der
Welt wurden so bedeutend, weil
sie ihren eigenen Mist liebten.
Er machte sie zu dem, was sie sind.
```

Bevor Picasso seinen Mist rausließ, war er ein guter Maler. Dann geschah, was geschah. Als er nämlich den Zugang zu seinem Mietshaus änderte und die Besucher durch den Hintereingang hereinließ. So machten es auch Dalí, Toulouse-Lautrec und van Gogh und alle großen Künstler von früher und heute.

Verschont uns mit eurem Geprotze auf Facebook! Man braucht es nur zu öffnen und sieht überall strahlende Gesichter, als wären wir alle Hollywoodstars. Es ist eine einzige große Fassade. Hey, wo ist dein Mist? Wo ist dein Schmerz, wo ist deine Wut? Wo sind deine Machtlosigkeit, deine Laster, deine Mängel, deine Unzulänglichkeiten? Diese Dinge machen dich als Menschen aus. Mit ihnen kannst du dein Haus möblieren. Tu es für dich, nicht für die anderen. Erst dann wird dein Haus einzigartig sein. Weil du einzigartig sein wirst.

Dafür bist du auf der Welt: um deinen Mist zu lieben. Mach dir das klar.

Jesus hat auch gesagt:

»Wer ohne Sünde ist, der werfe den ersten Stein.«

Damit hat er wohl das gemeint.

Freude

Eine meiner liebsten Gewohnheiten ist, ganz früh am Morgen aufzustehen. Dann gehe ich gleich joggen. Wenn ein Strand in der Nähe ist, schwimme ich eine Runde. Sommer wie Winter. Das ist wie eine zweite Taufe, und ich fühle mich wie neugeboren. Mein restlicher Tag ist paradiesisch schön, und mein Leben auch.

Meine Gewohnheiten habe ich immer dabei, wohin ich auch gehe. In mir. So vermeide ich Übergepäck. Morgens früh aufstehen. Joggen. Schwimmen. Atemübungen. Meditieren. Tagebuch schreiben. Lesen. Etwas Gutes tun. Mich richtig ernähren. Dinge mit anderen teilen. Alles.

Gestern landete ich nach meiner heiligen Routine am Strand. Meistens bin ich um diese Zeit allein dort, aber gestern nicht. Eine schöne, jung wirkende Frau spielte mit den Wellen, so wie es meine jüngere Tochter tun würde. Sie tanzte und hüpfte auf ihnen und ließ sich von ihnen mitreißen. Sie trug einen femininen Badeanzug, und ihr nasses Haar wehte im Wind. Ihr Gesicht hielt sie in den Wind und schien überglücklich. Sie hatte mich in ihren Bann gezogen. Irgendwann hörte ich ein Lied. Wohl von einem Radio, dachte ich und drehte mich um. Da war aber nichts. Da war niemand sonst. Dann wurde es mir klar: Es war die Frau, die sang. Sie spielte mit den Wellen und sang dabei. Mit einer geradezu heiligen Hingabe, wie es nur irgendwelche Ureinwohner können. Ich sprang ins Wasser und sah sie nicht mehr.

Heute joggte ich ein paar Kilometer mehr und kam deshalb später zum Strand. Sie war wieder da. Sie war schon fertig mit Schwimmen und trug einen hübschen Pareo, der ihr sehr gut stand. Das ganze Universum tanzte um sie herum, während sie näher kam. Sie ging an mir vorbei, und wir lächelten einander zu. Irgendwann sah ich sie aus der Nähe und bekam Gänsehaut: Die Frau, die ich am Tag zuvor auf vierzig geschätzt hatte, musste sechzig oder älter sein, denn ihr Gesicht war von tiefen Falten durchzogen. Ich betrachtete immer noch ihren kraftvollen Körper, während sie sich entfernte, und es war, als würden in ihren Fußspuren im Sand der Reihe nach Lichter angehen, so wie in dem Videoclip von Michael Jackson.

> Freude ist etwas, das du in dir hast. Sie ist wie Gold. Sie will, dass du sie findest.

Je mehr du nach ihr suchst, desto mehr wirst du finden. Je mehr du gräbst, desto mehr wirst du davon entdecken. Und sie wird dich jung, fröhlich und stark halten.

Gott wollte einen Schatz verstecken, damit der Mensch ihn nicht finden konnte. Anfangs hatte er vor, ihn auf dem höchsten Berg der Welt zu verstecken. *Dorthin wird der Mensch nie kommen*, dachte er, *aber wer weiß, vielleicht ja doch*. Dann überlegte er, den Schatz an der tiefsten Stelle des Ozeans zu verstecken. *Dort wird er sicher nicht hinkommen*, sagte er sich. Doch dann zweifelte er wieder.

Wer weiß, vielleicht kommt er ja doch einmal dorthin. Ich werde den Schatz im Zentrum der Erde verstecken, sagte er. *Dort kommt er niemals hin.* Aber wieder gestand er sich ein, dass der Mensch irgendwann auch dorthin kommen würde. Zum Schluss fand er die Lösung: *Ich werde den Schatz in ihm verstecken. Er wird nie auf die Idee kommen, dort danach zu suchen.*

Genau dort musst du suchen.

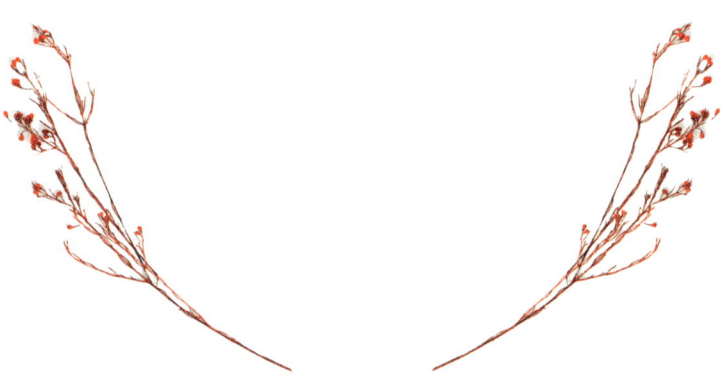

Liebe

Die beiden saßen zwei, drei Tische weiter entfernt. Es war Mittag, und ich war in meinem Lieblingslokal. Die zwei unterhielten sich und kamen sich immer näher. So einen Blick hatte ich schon lange nicht mehr gesehen, und schon lange nicht mehr bei den beiden. Der Typ verschlang sie mit den Augen. Er hatte sie leicht am Nacken berührt und zog ihr Gesicht mit leichtem Druck zu sich heran. Sie wich nicht zurück. Ihre Lippen berührten sich nicht, waren sich aber ganz nah. Wie zwei Magnete, die sich spielerisch umtanzen, aber nicht berühren. Quälend, aber auch erlösend. Ihr Spiel machte nicht nur mich verrückt, sondern auch alle, die sie heimlich beobachteten. Seine Hand spielte mit ihrem Haar, ordnete es, kämmte es, strich es ihr hinters Ohr und strich ihr die Fransen zur Seite, die ihm immer wieder entwischten. Seine Augen waren trunken vor Lust und ihre auch. Sie hatten sich in einem einzigen Blick vereint. Ich beobachtete sie zwei, drei Minuten lang und freute mich für sie. Gleichzeitig beneidete und bewunderte ich sie. Bald gingen sie, Arm in Arm. Selbst das schmale Trottoir vermochte ihre Umarmung nicht zu lösen.

Ich erinnerte mich noch lange daran, wie die beiden sich angeschaut hatten. Mit einem Blick, der Flammen wirft und Funken sprüht. Man nennt es Liebe. Liebe wird dich nicht nur mit deiner oder deinem Liebsten vereinen, sondern mit allem verbinden. Liebe ist das beste Gewürz. Mit Liebe schmeckt jedes Essen besser und auch jedes Leben. Liebe ist ein Vergrößerungsglas, das dein

Strahlen bündelt, sodass du damit anzünden kannst, was du willst. Sie ist ein Werkzeug, und noch dazu ein sehr mächtiges. Wie ein hydraulischer Wagenheber, mit dem du einen Lkw mit dem kleinen Finger anheben kannst.

Liebe ist das, was du für deine Arbeit empfindest. Das, wofür du morgens aufstehst. Das, was dich mit Dankbarkeit erfüllt für alles, was du hast, aber auch für alles, was du nicht hast. Liebe ist, wenn du dich über einen Teller mit gutem Essen freust. Liebe ist, wenn du dein Inneres im Spiegel siehst und stolz darauf bist. Liebe ist das, was du für einen fremden Menschen empfindest, wenn du ihm zu Hilfe eilst. Liebe ist, einen Papierfetzen aufzuheben, auch wenn nicht du ihn weggeworfen hast. Liebe ist, jemandem etwas Nettes zu sagen und sich mehr darüber zu freuen als er. Liebe ist, was du fühlst, wenn du dich mit deinem Lieblingshobby beschäftigst. Liebe ist dieser Blitzeffekt in Filmen, wenn etwas Magisches geschieht. Nur dass er hier echt ist.

Liebe ist das, was die Erde bewegt und die Jahreszeiten verändert. Das, was dich immer jung und glücklich erhalten wird.

Liebe ist der Grund, warum du lebst.

Ganz in Gedanken versunken sah ich, wie ein sehr würdiger alter Herr mit Gehstock mühsam die Treppe heraufkam. Sein Haar war

gepflegt und mit Brillantine gekämmt, und er trug ein Hemd mit
Kragen und eine frisch gebügelte Hose. Ich erkannte ihn: Er war
der Besitzer dieses Lokals und hatte es vor fünfzig Jahren eröffnet.
Nicht einen Tag hält er es ohne das Lokal aus.

Er hat seinen eigenen Tisch, an den er sich jetzt setzte, um sich aus-
zuruhen. Er lehnte seinen Gehstock an den Stuhl und sah sich um.
Wie stolz er auf sein Werk war! Seine Augen funkelten vor Freude.
Diesen Blick habe ich irgendwo schon einmal gesehen. Diesen
Blick, der dich dorthin bringt, wo du hinwillst.

Man nennt ihn Liebe.

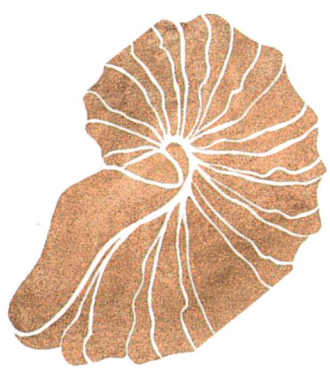

Highscore

In letzter Zeit reise ich oft und nehme an Workshops zum Thema Selbsterkenntnis teil, um meinen Traum zu verwirklichen: dass ein Unterrichtsfach, in dem es um Wertvorstellungen und Selbstwert geht, in Kindergärten und in der Grundschule in Griechenland eingeführt wird.

Je eingehender ich mich damit befasse, desto einfacher wird es. Dein Leben ist deine Energie, und je besser du sie managst, desto besser lebst du. Wie bei einem Computerspiel, wo man drei Kanonen bekommt, die jeweils ein Leben haben. Immer wenn man einen falschen Zug macht, verliert man ein Leben. Wenn eine Kanone alle drei Leben verloren hat, verliert man auch die Kanone. Rate mal, was passiert, wenn man alle drei Kanonen verliert. Das Gute daran ist, dass man jederzeit neue Leben und Kanonen dazugewinnen kann. Dazu braucht man nur schlau zu spielen und sich an die Regeln zu halten.

Es gibt zweierlei Dinge: Dinge, die du kontrollieren kannst, und solche, die du nicht kontrollieren kannst. Immer wenn du dich mit denen beschäftigst, auf die du keinen Einfluss hast, verlierst du ein Leben. Je mehr du dich darauf versteifst, desto mehr Leben verlierst du. Angenommen, du willst eine Flugreise machen. Deine Aufgabe ist es, deine Reise zu planen, die Reisedaten festzulegen, die Fluggesellschaft auszuwählen und deinen Koffer zu packen. Wie das Wetter wird und wer der Pilot ist, braucht dich nicht zu kümmern. Nur weil du dich häufig in fremde Angelegenheiten einmischst, heißt das nicht, dass das auch richtig ist. Das kostet dich bloß Leben. Du bist einfach süchtig danach geworden und merkst es nicht.

Es braucht dich auch nicht zu kümmern, was andere Menschen denken. Alle Szenarien und Vermutungen darüber, was sie wohl denken könnten, rauben dir Energie. Deine Aufgabe ist es, dich um deine eigenen Gedanken zu kümmern. Würdest du jemals dein Computerspiel aufgeben, um das deines Mitspielers zu spielen? Und wenn du eine Kanone verlierst – denn das wirst du sicher –, wirst du dem anderen die Schuld daran geben?

Jede Form von Kritik und Tratsch kostet dich Leben – und zwar ziemlich viele. Gejammer, Neid, Wut, Groll und dergleichen gehören zur selben Kategorie. Es ist, als würdest du Gift trinken und dir wünschen, ein anderer solle daran sterben. Am Anfang meinst du, all diese Dinge würden dir zu Entspannung verhelfen, doch am Schluss zwingen sie dich in die Knie. Dass du Hinz und Kunz von deinen Problemen erzählst, lindert deinen Schmerz nicht. Mach schon, sprich ihn bei denjenigen aus, wo er angebracht ist, und zwar ohne Umschweife. Außerdem gibt es für so etwas Fachleute, die dich weniger kosten als ein Arzt, denn früher oder später wirst du beim Arzt landen.

Schlechte Ernährung raubt dir ganz viele Leben, genau wie ständiges Fernsehen, zu wenig Schlaf, viel Social Media und die immer gleichen Geschichten, die du unaufhörlich erzählst: über deine Mutter, deine Freundin, über Alexis Tsipras. Er kümmert sich um seine Angelegenheiten, und du solltest dich um deine kümmern. Tägliches Gejammer kostet dich deine Leben, nicht meine und auch nicht die von Tsipras.

Immer wieder dasselbe zu tun und nicht den Mut zu haben, dein Leben in die Hand zu nehmen, um weiterzukommen, ist ebenfalls tödlich. Anfangs merkst du es nicht, aber irgendwann bist du um die vierzig oder fünfzig und empfindest Abscheu vor dir selbst.

Es gibt etwas, das dir sofort
neue Leben schenkt.
Es wirkt Wunder.
Man nennt es Dankbarkeit.
Dankbarkeit für alles.

Eine eingefahrene Denkweise und Routine bedeuten einen langsamen, qualvollen Tod. Talente soll man einsetzen, nicht horten. Wenn sie nicht eingesetzt werden, entsteht Schmerz, und zwar ein sehr großer Schmerz. Irgendwann stellst du fest, dass dir eine Kanone fehlt, und du wirst dich fragen, wer sie dir weggenommen hat. Auch unnötige Dilemmata sind tödlich, aber auf andere Weise. Neulich bekam ich ein Gespräch an einem Tisch hinter mir mit. Ein Typ lobte in den höchsten Tönen die gesellschaftlichen Initiativen des griechischen Fernsehsenders SKAI. Die Frau, die dabei war, regte sich tierisch darüber auf, denn ihrer Meinung nach gibt es auch andere Initiativen, von denen man aber nie etwas hört. Und sie stritten sich, dass die Fetzen flogen. Aber warum soll ich mich um jeden Preis für eine Sache entscheiden, wenn ich doch beides haben kann? Gute Taten können wir begrüßen, egal woher sie kommen. Zwanghaft auf etwas zu beharren spaltet Menschen und ist tödlich. Auch für dich und dein Leben.

Auf der anderen Seite gibt es einfache Dinge, die dir mehr Energie geben und dir dabei helfen, Kanonen zu gewinnen. Das sind die Dinge, die du normalerweise übersiehst oder über die du die Nase rümpfst: die guten Taten, wie wir früher dazu sagten. »Bitte« sagen, wenn du etwas haben willst. »Danke« sagen, wenn man es dir gibt, aber auch, wenn man es dir nicht gibt. Deinen Platz jemand anderem überlassen, besonders wenn du ihn nicht kennst. Ein Stück Abfall aufheben, auch wenn nicht du es weggeworfen hast. Einen lieben Menschen überraschen, wenn er nicht damit rechnet. Einem armen Kerl auf der Straße unter die Arme greifen. Und es spielt keine Rolle, ob du kein Geld hast. Sag ihm etwas Nettes. All diese Dinge sind Kinder der Liebe und geben dir ein herrliches Gefühl, als gäbe es tatsächlich einen Grund, dass du auf der Welt bist. Diesen Grund gibt es nämlich.

Lächle, auch wenn du keinen Grund dazu hast. Du lächelst, damit sich dieser Grund zeigt. Steh aufrecht mit erhobenem Kopf. An so einem Tag gewinnst du Leben dazu. All diese Leben sind am Anfang nicht sichtbar, tauchen aber aus dem Nichts auf, wenn du nicht damit rechnest. Woher sie kommen, braucht dich nicht zu kümmern. Auch das ist die Angelegenheit von jemand anderem. Deine Aufgabe ist es, Vertrauen zu haben.

Sag Nein, wenn es sein muss, und setze Grenzen. Damit gewinnst du zwar keine Leben, aber du kannst damit die schützen, die du schon hast. Kümmere dich zuerst um deine eigene Meinung und erst dann um die der anderen. Als wir klein waren, hieß es, das sei unhöflich. Nein, es ist Selbstschutz, der auch einem anderen Menschen zugutekommt, weil es ihm zeigt, was seine Angelegenheit ist und was nicht.

Training, Sport und Bewegung bringen dir richtig viele Leben ein, viel mehr, als selbst die Wissenschaft noch bis vor Kurzem dachte. Bewegung ist Leben. Sie vertreibt Introvertiertheit und Depressionen und läutert Verstand und Seele. Wichtig ist auch eine gute Atemtechnik. Dein Bauch soll sich dabei blähen – dann machst du es richtig. Atmen aus der Tiefe heraus bedeutet, aus der Tiefe heraus zu leben. Und trinke reichlich Wasser. Konzentriere dich auf deine Arbeit und verzettele dich nicht. Lösche alle Benachrichtigungen aus deinem Handy. Wenn du die ganze Energie einer Glühbirne auf einen Punkt bündelst, gibt es ein Loch in der Wand. Das ist die Kraft der Konzentration. Menschen, die Großes leisten, haben etwas gemeinsam: Sie schützen ihre Konzentration, und das mehr als ihre Augen.

Dankbarkeit für die Arbeit, die du hast oder nicht hast. Für die Kinder, die du hast oder nicht hast. Für das Geld, das du hast, auch wenn es wenig ist. Du weißt doch, wie es ist, wenn du etwas getrunken hast und Liebe für die ganze Welt empfindest? Ja, genau so, nur ohne Alkohol. Sei besonders dankbar dafür, wenn zu Hause ein warmes Bett auf dich wartet und du auch gesund bist. Der Rest ergibt sich – durch Handeln, nicht durch Wunschdenken. Irgendwo habe ich mal gelesen, dass Gesundheit die unsichtbare Krone auf unserem Kopf ist, die nur derjenige sieht, der keine hat. Also schließe die Augen und sage unendlich oft Danke. Du weißt schon, wem. Lies jeden Tag und entwickle dich weiter. Lass lieber eine Mahlzeit weg als deine Lektüre. Lesen ist Sauerstoff für die Seele. Lesen lässt deine »Kanonen« glänzen.

Wenn du all das beherzigst, wird dein Computerspiel dich belohnen und dir immer wieder neue Leben schenken.

Aus diesem Grund bist du da.
Für ein Highscore und nicht für Game over.

»Bezahlen sie dir überhaupt etwas?«

Man kann sie schon von weitem riechen. Meistens gehen sie gebückt und runzeln die Stirn. Sie sind trübsinnig und schauen einen misstrauisch an. Sie jammern über jede Kleinigkeit, auch wenn alles gut läuft. Sie haben immer etwas Schlimmes zu erzählen und an allem etwas auszusetzen. Man kann es ihnen nie recht machen. Ständig schwebt eine kleine Wolke über ihnen, die sich gleich ausregnen und für Streit sorgen wird. Wie bei Kater Karlo, der Comicfigur. Wer klar bei Verstand ist, nennt diese Menschen toxisch. Wer nicht, nennt sie auch anders.

Sie sind löchrig, als würde ihre gesamte Energie irgendwo durch ein Loch entweichen. Das Schlimme daran ist, dass sie eine Art haben, auch andere Menschen löchrig zu machen. Wenn du dich kurz zu ihnen setzt, fließt auch deine Energie ab. Wenn du dann gehst, hast du Kopfweh und bist pessimistisch und schlecht gelaunt. Als hätten sie dich ausgepresst. So fühlt man sich, wenn man sich eine Grippe eingefangen hat.

Der Witz ist, dass es oft intelligente Menschen sind, die einen hohen IQ und umfangreiches Wissen besitzen. Sie sind davon überzeugt, dass sie recht haben. Sie hören nicht zu. Sie wissen alles. Sie haben starke Regeln und unverrückbare Glaubenssätze und fürchten sich vor Veränderung. Auch haben sie unerschütterliche Argumente dafür, warum sie Änderungen vermeiden – egal wie katastrophal das, was sie tun, auch ist. Erstens für sie, aber natürlich auch für andere. Anfangs bringen sie Einwände vor, dann werden sie wütend. Am Ende würden sie dir am liebsten an die Gurgel gehen.

Sie sind süchtig nach ihren negativen Gefühlen, süchtiger als nach Zigaretten. Die Art und Weise, wie sie zu sich sprechen, ist ganz schlimm. Sie saugen sich selber aus und kapieren es nicht. Sie bringen sich selbst um und merken es nicht. Sie sind selbst ihr schlimmster Feind, aber wenn du es ihnen sagst, bekommst du Ärger. »Wie geht es dir?«, fragte ich eines Tages einen Bekannten. »Die Obduktion wird es zeigen«, antwortete er.

Früher versuchte ich, solchen Menschen zu helfen. Heute weiß ich: Egal was ich tue, es wird ihnen nicht helfen.

```
Ich weiß inzwischen,
was ich bestimmen kann
und was nicht.
Bei Dingen, die ich beeinflussen
kann, gebe ich alles.
Dinge, die ich nicht
beeinflussen kann, vermeide ich.
```

So mache ich es auch bei diesen Menschen. Wenn ich sie sehe, verdrücke ich mich auf die feine englische Art. Wenn du Streit anzetteln willst, dann tu es bei dir zu Hause, nicht mit mir. Ich weiß mittlerweile, wie kostbar meine Energie ist, und hüte sie wie meinen Augapfel. Ich rieche toxische Menschen schon von Weitem und verschwinde.

Etwa zwei Jahre lang hatte ich einen Arbeitskollegen, sein Name spielt keine Rolle. Am ersten Tag war er streitsüchtig, wütend und beleidigend und wurde grundlos laut. Ich reagierte nicht, obwohl ich mich gestört fühlte. Diese Menschen sind nicht auf dich böse, sondern auf sich. Ich sollte recht behalten: Er wurde nie mehr laut, und wir arbeiteten in diesen zwei Jahren hervorragend zusammen. Sein Verhalten war tadellos. Solche Menschen sind nicht unbedingt schlecht. Ihr Betriebssystem ist von einem Virus befallen, und sie weigern sich, es zu sehen. Mehr nicht. Von einem Antivirenprogramm wollen sie aber nichts wissen.

Neulich rief ich ihn an, weil ich ihm Geld schuldete. Ich wollte bei ihm vorbeikommen und es ihm zurückgeben. Er freute sich sehr, von mir zu hören, fragte, was es bei mir Neues gebe, und erzählte auch von sich. Dann kamen wir auf Berufliches zu sprechen. Zum Schluss kam er wieder mit der alten Leier und meinte: »Bezahlen sie dir überhaupt etwas?« Es dauerte keine Minute, und ich hatte aufgelegt.

Ich brachte das Geld nie bei ihm vorbei.

Sondern schob den Umschlag durch den Türschlitz.

Sei pünktlich

Die Engländer sind bekannt dafür. Ich habe in England gelebt, aber Pünktlichkeit war nicht gerade meine Stärke. Zum einen Ohr rein, zum anderen raus. Ich kam immer zu spät. Auch wenn ich drei Stunden Zeit hatte, kam ich zu spät. Exakt fünfzehn Minuten. Ich war konsequent inkonsequent. Ich gab mir immer redlich Mühe, aber es klappte nicht. Was mir fehlte, war Zeit. Immer fünfzehn Minuten. Wer sich mit mir verabredet hatte, trug die Uhrzeit in seiner Agenda mit dem Zusatz »Plus eine Viertelstunde« ein. Da bin ich mir sicher, auch wenn nie jemand eine Bemerkung gemacht hat.

Viele hatten mich mehrmals darauf aufmerksam gemacht, aber ich lebte in meiner eigenen Welt. Ich fand es übertrieben und hielt sie für Pedanten. Aber trotzdem: So wie du es in kleinen Dingen hältst, so hältst du es auch in großen. Es ist wie mit Dominosteinen: Wenn einer umfällt, fallen alle anderen auch um. Bleibt einer stehen, verhindert er, dass die folgenden umfallen. Wenn du bei deinen privaten Terminen unpünktlich bist, bist du es bei der Arbeit wahrscheinlich auch. Wenn du bei der Arbeit nicht zuverlässig bist, bist du es im Privatleben vermutlich auch. Und wenn du im Privatleben unzuverlässig bist, wie kannst du dich dann auf dich selbst verlassen? Das geht nicht. Es wird alles aus demselben Pool gespeist. Kommunizierende Röhren nannten wir es im Schulunterricht.

Ich sehe Menschen, die den Sicherheitsgurt nicht anlegen, die ihr Handy abends nicht aufladen, die im Auto ohne Freisprechanlage telefonieren und im Stehen essen. Wie verrückt. Menschen, die keine Zeit für ihre Verpflichtungen einplanen, die in ihr Leben so viel hineinpacken, wie sie Essen in ihre Bäuche stopfen. Damit sendest du eine Botschaft an dich selbst, die so groß ist wie ein Reklameschild: Hey, du bist das alles nicht wert. Du hast Zuverlässigkeit, Geld und Erfolg nicht verdient. Wenn du es mit kleinen Dingen nicht so genau nimmst, wirst du es auch mit großen Dingen nicht tun. So läuft das. Im Schaufenster deines Ladens hängt das ganze Jahr lang ein Schild mit der Aufschrift »Ausverkauf« und du fragst dich, warum sich der Typ im Laden nebenan eine goldene Nase verdient.

»Wie dein Spiel ausgehen wird, hast du selbst schon entschieden«, sagte mein Lehrer Antonis immer. Genau das meinte er damit. Du teilst die Karten aus und teilst dir auch dein Blatt zu. Du bist Croupier und Spieler zugleich. Du bist Torwart und zugleich Angreifer. Lerne, den Ball besser in den Griff zu kriegen.

Lerne, dein Leben besser
in den Griff zu kriegen.
Lerne, dich selbst besser
in den Griff zu kriegen.

Eines Abends beim Zähneputzen sagte meine kleine Tochter:
»Papa, ich will mich nicht an der Nase kratzen, aber meine rechte
Hand … wie soll ich sagen … kratzt ganz von selbst …«
Lass deine Hand nicht tun, was sie will.

Du bist nicht mehr sechs Jahre alt.

Außergewöhnliche Menschen

Wir hörten uns gerade den Soundtrack des Films *The Way We Were* an und kamen auf Robert Redford zu sprechen. Redford ist ein außergewöhnlicher Schauspieler und ein außergewöhnlicher Mensch. Alle seine Filme haben etwas Magisches: *Der Unbeugsame*, *Jenseits von Afrika*, *Brubaker*, *Ein unmoralisches Angebot* – alle.

Er ist inzwischen über achtzig, aber immer noch faszinierend. Eine Freundin von mir erzählte mir vom *Sundance*-Festival, das er jedes Jahr für junge Kreative organisiert. Er möchte auch anderen jungen Menschen dabei helfen, so wie er zu werden. Er hat eine Vision, er besitzt Leidenschaft, und er hat das Bedürfnis, sie mit anderen zu teilen.

Erst vor Kurzem sah ich das Interview, das Nikos Galis anlässlich seiner Aufnahme in die Naismith Memorial Basketball Hall of Fame gab. Er ist eine Koryphäe auf dem Spielfeld und auch außerhalb davon. Ein hochanständiger Mensch, der nicht viele Worte macht. Er braucht auch nicht viel zu sagen. Vielleicht der beste europäische Basketballer aller Zeiten. In weißem Jackett mit Fliege stieg er aufs Podium und hielt eine unvergessliche, dreiminütige Rede. Er sprach über die Frau, die in Thessaloniki auf ihn zugekommen war. Erst hatte er gedacht, sie wolle ein Autogramm. Doch sie hatte ihn umarmt und sich bei ihm dafür bedankt, dass er ihren Sohn gerettet hatte. Dieser war drogensüchtig gewesen, war davon aber nach der Basketball-Europameisterschaft 1987 losgekommen, um Galis nachzueifern. »Das ist das größte Geschenk, das ein Sportler der Gesellschaft machen kann«, sagte er bescheiden. Dafür bekam er begeisterte Standing Ovations.

Mir fiel auch der Basketballer Jannis Adetokunbo ein, der neulich einen Vertrag über 100 Millionen US-Dollar unterzeichnet hat. Doch innerlich hat er sich nicht verändert. Er trainiert weiterhin als Amateur und gibt Unterricht auf und neben dem Spielfeld. Wenn der Präsident der USA über dich spricht und du immer noch so bescheiden und anständig bist, wie du es mit zehn Jahren warst, bist du wirklich einer der Größten.

Es gibt also Menschen, die nicht nur sehr gut, sondern, wie man sagt, außergewöhnlich sind. Niemand hat von ihnen verlangt, das zu tun, was sie tun. Niemand hat sie gedrängt, sich so hohe Ziele zu setzen. Und man sieht, dass sie fest dranbleiben und nach dem nächsten Gipfel streben. Sie gönnen sich keine Ruhe. Sie wollen anderen etwas mitgeben. Sie wollen die Welt verändern, damit sie schöner wird. Sie bekommen Geld, aber sie tun es nicht wegen des Geldes. Das sind also die außergewöhnlichen Menschen. Welche es sind, wirst du daran erkennen, dass dir die Worte fehlen, um sie zu beschreiben.

Neulich war ich auf einem Workshop. Der Speaker zeigte uns ein kurzes Video, das er selbst in ein paar öffentlichen Toiletten in Südafrika gedreht hatte. Hauptdarsteller war der Mann, der die Toiletten putzte. Als der Speaker die Toilette betrat, sagte der

Toilettenwart begeistert zu ihm: »Willkommen in meinem Büro!«
(»Welcome to my office!«) Und weiter: »Hier kommen jeden Tag
sehr viele Menschen herein. Ich möchte, dass sie diesen Ort fröhlicher verlassen, als sie ihn betreten haben. Ich habe Verantwortung
ihnen gegenüber. Deshalb mache ich meine Arbeit, so gut ich kann.
Ich putze jede Fuge sorgfältig. Ich liebe meine Arbeit.« Er redete
wie ein großer Wissenschaftler und lächelte dabei übers ganze Gesicht, und seine Augen funkelten.

Am Ende des Videos hatte ich nasse Augen vor Dankbarkeit, dass
es solche Menschen gibt. Solche außergewöhnlichen Menschen.

```
Man wird nicht als außergewöhnlicher
Mensch geboren. Man wird erst dazu.
Und das hat nichts mit dem zu tun,
was du tust.
Sondern damit, wie du es tust.
```

**Wie jener außergewöhnliche Mann, der die
Männertoiletten putzte.**

Der
Nachtfalter

Ich hatte ihn schon gestern Abend gesehen. Grazil, wunderschön, als wäre er nicht echt. Wie aus Elfenbein. Er war schneeweiß und saß am Badezimmerfenster, sodass er mir anfangs gar nicht auffiel. Es war ein Nachtfalter, vielleicht der schönste aller Falter.

Es gibt keine neutrale Handlung im Universum. Jede Handlung hat eine Auswirkung, entweder positiv oder negativ, vor allem aber in dir selbst.

Angenommen, du mietest eine Wohnung. Wie du sie behandelst und wie du sie beim Auszug hinterlässt, hat ein Plus- oder Minuszeichen. Das ist eines der Dinge, die ich gern schon als Kind gewusst hätte. Übergibst du die Wohnung ordentlich und sauber, ohne Schäden? Dafür gibt es ein Plus. Übergibst du sie schmutzig, heruntergekommen und so, wie du sie nicht von anderen übernehmen würdest? Dafür gibt es ein Minus. Ein Plus bedeutet »grüner Bereich«, ein Minus »roter Bereich«.

Ein Plus erhöht dein Guthaben, ein Minus deine Verbindlichkeiten. Kleine Gewinne, aufaddiert, vermehren dein Kapital. Kleine

Schäden, aufaddiert, fressen es auf. Irgendwann wirst du dich fragen: »Wo ist mein Leben geblieben? Warum ist es gescheitert? Wer hat es mir gestohlen?« Erinnere dich an den Vergleich mit der Wohnung …

Abfall auf den Boden werfen, nur auf den eigenen Vorteil bedacht sein, die eigenen Träume auf dem Abstellgleis parken, sein Leben vergeuden, sich selbst beschimpfen, nicht loskommen von Social Media, vom Alkohol, vom Glücksspiel, vom Fernsehen, von Kritik, vom Tratsch, sich nicht mehr weiterentwickeln: Das alles liegt im roten Bereich.

Nette Worte finden, lesen, sich unterhalten, sich weiterentwickeln, etwas wagen, aus seiner Komfortzone ausbrechen, Sport treiben, sich richtig ernähren, anderen helfen, kooperieren, an schöne Dinge denken, lachen, an sich selbst glauben, mit deinen Essensresten Tiere füttern, Wasser in den Blumentopf leeren: Das alles liegt im grünen Bereich.

Den grünen Bereich – dein Guthaben – spürst du sofort, den roten Bereich – deine Verbindlichkeiten – auch. Du brauchst nicht die Jahresbilanz am 31. Dezember abzuwarten, um das zu verstehen. Du brauchst dazu nicht einmal am Tagesende Kassensturz zu machen. Dein Gefühl sagt es dir. Tief in dir läuft der Zähler weiter, noch bevor du eine Transaktion machst. Als würde das Gefühl deine Seele streicheln – oder sie zerkratzen. Je nach Farbe.

Du fährst über eine rote Ampel. Du schaust links und rechts und freust dich: Weit und breit kein Polizist zu sehen! Moment, nicht so schnell! Du hast die rote Ampel gesehen, und das genügt. Du hast ein Minuszeichen vor dein Selbstwertgefühl, deinen Selbstrespekt und deine Selbstachtung gesetzt.

Warte nicht auf die anderen.
Lebe nicht für die anderen.
Lebe für dich.

Heute Morgen duschte ich, und plötzlich sah ich, wie der Nachtfalter im Wasser lag und mit dem Tod kämpfte. Ich hatte ihn unabsichtlich nass gemacht. Das tat mir sehr weh. Ich stellte das Wasser ab und nahm den Falter mit einem Stück Papier heraus, damit er trocknen konnte. Daneben legte ich ein Stück Würfelzucker, wie wir es als Kinder gemacht hatten. Ich tat, was ich konnte. Ein Eintrag auf der Habenseite! Der Nachtfalter schaffte es schließlich.
Na ja, macht ein Nachtfalter mehr oder weniger im Universum einen Unterschied aus?

In mir ja.

Die Autowerkstatt

Es ist das Jahr 2005 und wir haben gerade das neue Büro bezogen. Mein Freund, der Architekt, hat es richtig schön gemacht. Es befindet sich im ersten Stock, das Erdgeschoss ist leer. »Wenn bloß keine Autowerkstatt unten einzieht«, sagt er. »Die werden dich mit ihrem Krach stören.« Zwei Monate später wird der Raum unten vermietet. An eine Autowerkstatt.

»Oje«, ist seine erste Reaktion. Und meine auch.

»Warte mal, Mitsos, schauen wir uns den Typen doch erst mal an.«
»Kommt nicht in Frage. Sag ihm gleich, wo's langgeht! Mit dem bekommst du sicher Ärger. Verlang von ihm, dass er Glaswolle anbringt, damit du arbeiten kannst.«

»Langsam, Mitsos, schauen wir uns den Typen doch erst mal an.«
»Hör auf mich. Ich mache diese Arbeit schon jahrelang. Ich kenne sie alle. Die lassen nicht mit sich reden. Man muss ihnen gleich zeigen, wo's langgeht!«

Bevor ich dazu komme, nach unten zu gehen, um Kostas kennenzulernen, kommt er zu uns hoch. Er ist die Freundlichkeit selbst. Ein Mann Gottes. Ein Kind des Volkes, wie man so sagt. Ehrlich und fleißig. Er will mich kennenlernen. Als hätte er gewusst, worüber Mitsos und ich gestern gesprochen haben. Zur Begrüßung bringt er auch etwas von der Bäckerei mit.

Wir kommen ins Gespräch und duzen uns von Anfang an. Ich teile ihm die Besorgnis meines Freundes mit.

»Nein, Stefanos, in der Werkstatt machen wir keine gröberen Arbeiten. Die machen wir im Keller. Du wirst kein Problem bekommen. Und wenn doch, sind wir ja da.«

In meinem Kopf hämmert der Satz meines Freundes: »Verlang von ihm …« Ich schiebe ihn zur Seite.

Ein Jahr später ist Kostas das Beste, was mir je im Leben widerfahren ist. Die Jungs in meiner Firma bringen ihre Autos zu ihm: Er hat günstige Preise und leistet gute Arbeit. Er ist kein Nachbar, sondern ein Bruder.

Stelle keine Vermutungen an. Höre nicht auf das Geplapper deines Verstands. Jede Situation ist anders. Das Universum hat in seiner Universität viele Fallbeispiele auf Lager. Jedes von ihnen ist unterschiedlich. Jedes ist einzigartig. Da, wo du meinst, es besser zu wissen, täuschst du dich.

```
Stelle keine Vermutungen an.
Lebe lieber das Leben.
```

Verlasse deinen Käfig. Sieh die Schönheit, sieh die Liebe, sieh die Menschlichkeit. Lebe frei und lasse das große Bild sich entfalten.

Es wird dir alles offenbaren.

Sitzt ein Typ in der Wartehalle am Flughafen und liest Zeitung. Neben ihm steht eine Schachtel Kekse, und er isst welche daraus. Da kommt eine Frau und setzt sich neben ihn. Plötzlich nimmt sie sich einen Keks, ohne ihn zu fragen. Der Typ schaut sie schief an, sagt aber nichts. Kurz darauf dasselbe Spielchen: Sie nimmt sich noch einen Keks. Er sagt immer noch nichts, beginnt aber sich zu ärgern. So geht es weiter: Er nimmt einen Keks, sie nimmt einen. Der Mann platzt gleich vor Wut. Es ist nur noch ein Keks übrig. Die Frau ist so dreist, ihn zu fragen: »Nehmen Sie ihn oder kann ich ihn nehmen?« Er schnappt sich den Keks und geht. Er zittert am ganzen Körper. Schließlich steigt er ins Flugzeug und setzt sich auf seinen Platz. Dort macht er seine Tasche auf und nimmt ein Buch heraus, um sich zu beruhigen. Und was sieht er da? Eine unangetastete Schachtel Kekse. Die ganze Zeit hat er von den Keksen dieser Frau gegessen, die nicht nur keine Bemerkung gemacht, sondern ihm sogar ihren letzten Keks angeboten hat.

Stelle keine Vermutungen an.

Gib niemals auf

Du hast deine Probleme. Wir alle haben welche. Sie werden dir bei der Geburt mitgeliefert und begleiten dich dein Leben lang. Die Frage ist: Wie gehst du mit ihnen um? Darum geht es im Leben.

Manche Menschen sitzen da und sehen ihre Probleme positiv. Irgendwann werden sie verschwinden, sagen sie. Aber diese verflixten Probleme wollen einfach nicht weggehen. Und mit jeder Hoffnung darauf wird die Leere größer. Positives Denken allein wird dir nicht das Gewünschte bringen, im Gegenteil. Am Ende wird es dir beweisen, dass du falschliegst, und dich enttäuschen. Die Hoffnung ist nur das Fundament. Auf Hoffnung allein kannst du dein Haus nicht bauen. Zu diesen Menschen gehörte ich früher auch, daher kenne ich mich gut damit aus. Im Fach Hoffnung hatte ich Bestnoten, im Fach Handeln fiel ich durch – die ideale Kombination für Kummer, Enttäuschung, Depressionen und Krankheit.

Es gibt auch Menschen, die mit ihren Problemen kämpfen – hart kämpfen. Sie quälen sich stundenlang im Fitnessstudio des Lebens. Sie schimpfen auf die Eisenhanteln, aber Eisen lässt sich nicht biegen. Und je unnachgiebiger die Eisenhanteln sind, desto mehr quälen sich diese Menschen. Wären es Zähne, würden sie sie stundenlang wie besessen putzen. Bis die Karies weg ist oder gar eine Zahnfüllung kaputtgeht oder ein Zahn abbricht. Diese Menschen meinen, das Leben sei eine nicht enden wollende Anstrengung. Für sie ist es das auch.

Wieder andere haben schon längst aufgegeben und ihr Schiff an den Felsen zerschellen lassen. Sie lassen zu, dass sich ihre Probleme anhäufen, wie getragene Kleider im Zimmer. Und es werden immer mehr. Der Ball entgleitet ihnen. Das Leben ist nur noch Dunkelheit, sie sehen keinen Ausweg mehr und werden wütend. Das Leben ist ein endloses Martyrium. Aber etwas daran zu verändern kommt für sie nicht in Frage. Mein Freund ist so einer.

»Hey, kommst du zu diesem Workshop mit?«, fragte ich ihn mal.

»Stefanos, lieber sterbe ich, als zu so einem Workshop zu gehen«, antwortete er mir. Na schön …

Manche anderen haben sich näher mit ihren Problemen beschäftigt. Sie haben darüber philosophiert. Sie belassen es aber nicht bei Worten. Sie hören nicht auf, sondern bauen etwas auf. Sie fragen sich dauernd, was sie besser machen könnten. Sie haben keine Angst vor Fehlern. Wenn der Dachziegel schief sitzt, nehmen sie ihn herunter und setzen ihn wieder richtig ein. Das ist kein Drama. Sie wissen: Nur wenn der Zement trocknet, ist es ein Drama. Sie lernen gern dazu und handeln gern. Auch sie hoffen, aber sie bauen an ihrem Haus. Ständig. Sie putzen sich die Zähne, aber nicht stundenlang. Immer zwei Minuten lang, so lang wie nötig. Und sie gehen regelmäßig ins Fitnessstudio, täglich eine halbe Stunde. Sie quälen sich nicht. Diese Menschen lieben das Leben, und das Leben liebt sie.

Egal zu welcher Kategorie Menschen du gehörst, du hast deine eigene Zahlenkombination. Beim einen hat sie drei Zahlen, beim anderen vier, beim dritten vierzehn.

Immer wenn du eine richtige Zahl findest, macht es klick. Immer wenn du eine richtige Zahl findest, musst du eine weniger suchen.

Und je mehr du suchst, desto mehr wirst du finden: beim Joggen am Morgen. Mit einem guten Buch. Bei einem guten Vortrag. Bei einer Challenge. Bei einem Problem. Bei einem guten Gespräch. Suche deshalb TÄGLICH danach, und wenn es nur zehn Minuten sind. Aber TÄGLICH. Hör nie auf damit. Du kannst nie wissen, wo du die nächste Zahl findest. Du kannst nie wissen, wann du das nächste *Klick* hören wirst. Und feiere diese Klicks. Je mehr Klicks du feierst, desto mehr wirst du inspiriert. Je mehr du inspiriert wirst, desto mehr wirst du suchen. Und je mehr du suchst, desto mehr wirst du finden.

Es waren einmal zwei Samenkörner in der Erde. »Ich werde einmal hoch wachsen«, sagte das eine, »und meinen Kopf aus der Erde stecken, und du wirst sehen, wie weit ich es bringen werde.« Und es wuchs immer weiter. Es stieß auf Steine, es stieß auf Zweige, aber es wuchs fröhlich und mutig weiter. Am Ende hatte es das Samenkorn geschafft.

»Wie lange muss ich noch nach oben wachsen?«, beklagte sich das andere Samenkorn, »wie lange noch werde ich Steine und Hindernisse auf meinem Weg finden? Wie lange werde ich noch auf Hindernisse stoßen?«, murrte es. »Ich halte es nicht mehr aus.« Es wuchs zwar, aber kleinmütig und langsam und unter großen Anstrengungen. Irgendwann war es müde. »Ich kann nicht mehr«, sagte es schließlich und gab auf – nur einen Millimeter, bevor es die Sonne sehen konnte.

Sonst wirst du nie erfahren, ob du nur noch einen Kieselstein vom nächsten Klick entfernt bist.

Gib nie auf.

Sonst wirst du nie erfahren,
ob du nur noch einen Kieselstein
von der Sonne entfernt bist.

Die Extrameile

Über dieses Thema könnte man ein Buch schreiben. Es ist September, und ich bin auf der Insel Amorgos. Auf dem Heimweg nach einer Runde Schwimmen in den traumhaften tiefen Gewässern der Insel fällt mir ein Wegweiser zum Kloster des heiligen Georg Valsamitis auf. Eine innere Stimme sagt mir, ich solle hier abbiegen.

Das Kloster wirkt vom ersten Augenblick an beeindruckend. Es ist niedlich und blitzsauber. Nach meinem Gebet werde ich in den kleinen Empfangsraum gebeten, wo mich die Nonnen mit Süßigkeiten und eisgekühltem Wasser bewirten. An der Wand fällt mir eine wunderschöne Ikonensammlung auf. Ich frage, wer sie gemalt hat, und erfahre, dass die Äbtissin Irini es war, die Klostervorsteherin. Ich kann es kaum erwarten, sie kennenzulernen. Sie ist draußen und gießt die Pflanzen.

Sie ist noch jung, und ihre Augen strahlen voller Lebenslust. Sie versprüht Lebendigkeit und Optimismus. Die Äbtissin kam vor sechs Jahren aus Athen nach Amorgos. Sie gab alles auf, als sie das verbarrikadierte Kloster des heiligen Georg sah, weil sie sich in dieses kleine Kloster verliebt hatte. Es war 300 Jahre geschlossen gewesen, und die Oberin erweckte es zu neuem Leben, sodass es heute ein Paradies auf Erden ist. Sie hat dreißig Bäume gepflanzt und kümmert sich um mehr als zwanzig Katzen, die sie sterilisieren und impfen hat lassen. Eine Frau der Tat, das ist sie. Bei Sonnenaufgang krempelt sie die Ärmel hoch und ruht erst, wenn sie sich abends zu Bett legt. Den ganzen Tag kümmert sie sich mit liebevoller Sorgfalt um das Kloster. Sie ist lichtvoll, tatkräftig, kompetent und fröhlich und ein lebendes Beispiel fürs Leben.

Manche Menschen geben alles und noch viel mehr für das, was sie tun. Der Erfolg ist ihnen gewiss, egal ob man sie nach Griechenland oder Amerika oder in die Sahara oder auf den Mond schickt. Sie können gar nicht scheitern. So wie man die Sonne nicht daran hindern kann aufzugehen.

Sie haben keinen Leitstern, sondern gehen ihren eigenen Weg. Sie haben den Virus in sich und kommen nicht zur Ruhe. Morgens springen sie aus dem Bett und können es kaum erwarten, mit ihrer Arbeit oder ihrer Aufgabe zu beginnen. Ihr Verstand sprudelt nur so vor neuen Ideen. Sie sind ständig in Aktion, erfüllt von etwas, das nach außen drängt, und sie haben das Bedürfnis, es mit anderen zu teilen. Wenn man sie um zehn bittet, geben sie einem hundert. Bittet man sie um hundert, geben sie einem tausend. Und wenn sie anderen Menschen Freude bereiten, freuen sie selbst sich noch mehr.

Es ist der Taxifahrer, der dich mit einem Lächeln und einer Flasche Wasser erwartet; es ist der Kioskverkäufer, der das Wasser für dreißig Cent verkauft, obwohl er fünfzig dafür verlangen könnte; es ist die Angestellte, die vierhundert Euro verdient, aber für viertausend arbeitet; es ist der Pakistaner, der Kartons sammelt und kunstvoll stapelt. Die meisten Menschen verstehen nicht, dass diese Menschen das nicht um des Beifalls und des Geldes willen tun, sondern für sich. Das ist ihr Sauerstoff. Wenn man ihn ihnen wegnimmt, sterben sie.

In einem außergewöhnlichen Seminar habe ich Folgendes gehört:

Warum nach Helden suchen,
wenn du dein eigener
Held sein kannst?

Die Klostervorsteherin sucht nicht nach ihm ...

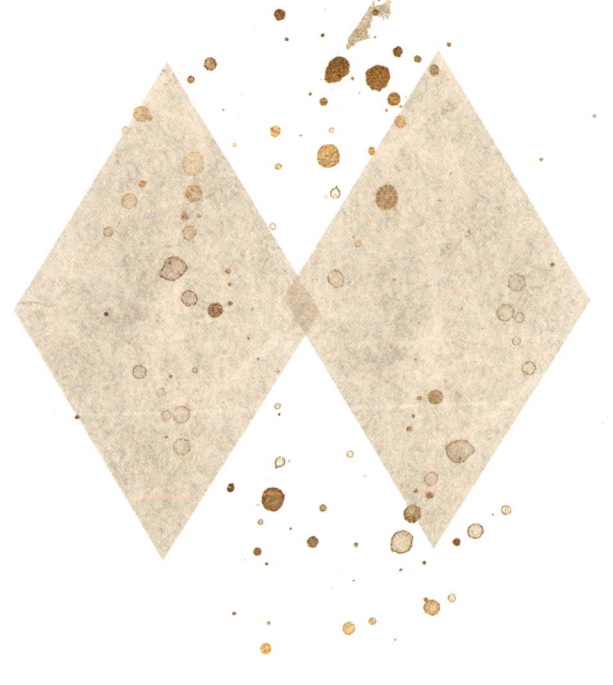

Teile mit anderen

Er ist ein sehr guter Freund. Obwohl wir uns erst seit zwei Jahren kennen, ist er bereits wie ein Bruder für mich. Wir reden über unsere Kinder, aber noch öfter über uns. Schon seit einiger Zeit klagte er über Kreuzbeschwerden, und ich ertappte ihn oft dabei, wie er die Schuld bei anderen suchte. Mit großer Mühe konnte ich ihn schließlich dazu überreden, schwimmen zu gehen, im Sommer wie im Winter.

Neulich rief er mich an. Sein Lachen war selbst durchs Telefon zu spüren. »Du«, sagte er, »mein Rücken ist wieder in Ordnung. Und meine Frau geht jetzt auch schwimmen. Es gefällt ihr sehr. Wir gehen gemeinsam schwimmen.« Ich freute mich riesig darüber.

Mir hat auch damals jemand gesagt, ich solle schwimmen gehen, und hat dadurch mein Leben verändert.

Heute Morgen beim Joggen sah ich mindestens zehn andere Jogger. Ich grüße sie immer und amüsiere mich über ihre Reaktionen. Ein vorsichtiger Mann beäugte mich ganz genau und grüßte erst dann zurück, als er schon an mir vorbei war. Eine Frau ruft mir immer schon von Weitem laut zu. Mit einem anderen Herrn mache ich jeden Tag Witze: Vorgestern klimperten die Schlüssel beim Joggen in seiner Hosentasche, und heute gab er mir zu verstehen, dass er sie im Auto gelassen habe. Manche Jogger lachen mit Niveau, andere lachen einfach lauthals heraus. Manchmal sind es Paare, die im Doppelpack lachen. Ein anderer – ich tippe darauf, dass er Engländer ist – lacht zurückhaltend in sich hinein. Es gibt auch einen Spaßvogel, der jeden Morgen direkt auf mich zukommt und mir erst im letzten Moment ausweicht. Eines Tages werden wir zusammenstoßen. Eine andere Frau musterte mich kurz und deutete schließlich so etwas wie ein Lächeln an. Also ein buntes Spektrum von Lächeln und Begrüßungen, wie das Regenbogenspektrum meines Lebens.

Seit vielen Jahren lasse ich andere Menschen teilhaben, und mein Leben hat sich dadurch verwandelt.

> Wenn dir nur ein Mensch sagt,
> dass du in seinem Leben etwas
> bewirkt hast, hat sich dein
> Leben gelohnt.

Teilen ist etwas Magisches. Ein gutes Buch, eine sinnvolle Gewohnheit, ein nettes Wort, eine Begrüßung, ein Lächeln. Nimm teil am Schmerz des anderen, wenn er es will. Freu dich mit ihm. Umarmungen, Berührungen und Zärtlichkeiten sind der Grund, weshalb du lebst. Zig Ziglar, ein amerikanischer Autor und Speaker, hat gesagt: »Du kannst im Leben alles bekommen, was du willst, wenn du genügend Menschen hilfst, das zu bekommen, was sie wollen.« Und er wusste, wovon er sprach.

Vor Jahren war ein ausländischer Speaker nach Griechenland gekommen, der in seinem IT-Gebiet ganz wichtig war. Ein Technokrat und Morgenmensch. Vor Tagesanbruch war er schon im Kallimarmaro-Stadion gewesen und erzählte uns, wie sehr ihn der Sonnenaufgang fasziniert habe. »Ich war glücklich«, sagte er, »aber trotzdem fehlte mir etwas. Ich hatte niemanden, mit dem ich dies hätte teilen können. Wäre nur meine Frau dabei gewesen!« Ich weiß noch, dass ihm Tränen in die Augen traten.

Und uns auch.

Verzettle dich nicht

Sie ist ein Mensch, der mir sehr nahesteht. Ich hole sie ab, weil wir etwas zu erledigen haben: Bei einem guten Freund von uns wollen wir ein Dokument abholen und dann direkt weiter unser letztes Ziel ansteuern. Diesen Freund hat sie lange nicht gesehen, und sie kann es kaum erwarten. Ihm geht es genauso.

Nicht mal eine Minute, bevor wir in seinem Büro eintreffen, klingelt ihr Handy. Sie öffnet ihre Tasche, um es herauszunehmen. Sie wird nervös. Das Handy läutet weiter. Schließlich findet sie es und nimmt das Gespräch an. Der andere hat aber schon aufgelegt. Gestresst ruft sie ihn zurück, aber jetzt ist bei ihm besetzt. Typisch: Er versucht ebenfalls, sie anzurufen. Jetzt ist bei beiden besetzt. Sie legt auf. Kurz darauf kommt eine Textnachricht, dass jemand angerufen hat. Als ob wir das nicht gewusst hätten! Sie gibt ihm etwas Zeit, falls er noch einmal anrufen möchte. Er macht dasselbe. So ist es immer. Später versucht sie es noch einmal bei ihm. Er ebenfalls. Wieder gleichzeitig. Wieder kommt eine Textnachricht. Inzwischen sind wir bei unserem Freund eingetroffen. Er kommt gerade aus seinem Büro, um uns zu begrüßen. Die beiden umarmen sich herzlich und beginnen ein Gespräch. Im schönsten Moment klingelt das verflixte Ding erneut. Und wieder holt sie es aus der Tasche. Diesmal findet sie den grünen Button etwas schneller. Sie hat etwas dazugelernt. Die gute Frau ist jedoch nicht bei der Sache, weder bei diesem noch bei jenem Gespräch. Sie ist nirgendwo. Schnell legt sie auf. Ihre Ruhe ist dahin. Wir versuchen, den Faden wieder aufzunehmen, aber es ist schon wieder Zeit zu gehen. Sie verabschiedet sich von unserem Freund. Ich muss mich beherrschen, um nicht loszulachen. Mir fällt die Geschichte »Die Tasche und das Täschchen« von Dimitris Psathas ein, und ich mache vor Lachen beinahe in die Hose.

Mobiltelefone haben oben rechts einen magischen Button, mit dem man den Ruhemodus aktivieren kann. Das ist der nützlichste von allen. Hätte sie beim ersten Klingeln draufgetippt, hätte sie zuerst ihren Freund begrüßen und den anderen danach zurückrufen können; dann hätte alles wunderbar geklappt, und sie wäre in beiden Fällen präsent gewesen. Aber sie war weder hier noch dort präsent. Wie bei einem Ballon: Wenn man ein Loch hineinsticht, entweicht die kostbare Luft, und man muss ihn immer wieder aufblasen. Und wieder entweicht die Luft. Und dann kommt man aus der Puste und hat weder Lust noch Mumm, ihn noch einmal aufzublasen. Genau das tun wir aber und regen uns über kleine und große Dinge auf. Und verpassen dabei sowohl die kleinen als auch die großen Dinge.

Wir haben nicht gelernt,
unsere Konzentration und
Energie zu schützen.

Großartige Menschen schützen sie besser als ihren Augapfel.

Er ist mein allerbester Freund.

Er liebt Tauchgänge.

Er taucht 50 Meter tief und noch weiter.

Wenn er abtaucht, beobachte ich ihn. Er taucht langsam ab, wie ein Aal. Er macht keine überflüssigen Bewegungen. Er erzwingt nichts und lässt sich nicht drängen.

Er achtet genau auf seine Konzentration, seine Energie und seine Atmung. Bei seinen Tauchgängen vergisst er alles um sich herum.

Für mich ist das die einzige Art zu leben.

Es darf nichts anderes mehr existieren.

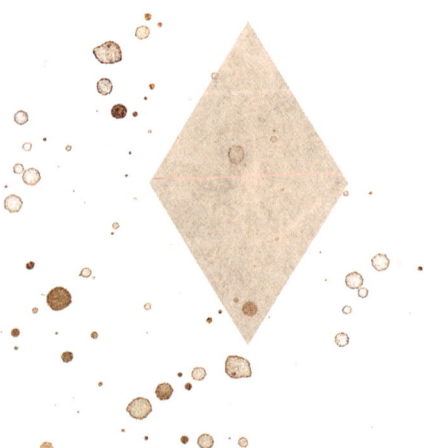

Schiffbruch

Ich erwartete ein paar ganz liebe Freunde bei mir zu Hause zum Abendessen. Einer von ihnen schaffte es letztendlich nicht, aber die beiden anderen kamen. Zum Schluss waren wir also zu dritt. Wir drei sind ganz verschiedene Menschen im Hinblick auf unseren Charakter, unsere Weltanschauung und unseren Beruf. Aber wir drei sind uns auch ähnlich, nämlich was unsere Seele und unsere Gefühle angeht. Das, was Musiker hohe Noten nennen. Und diese hohen Noten machen den Unterschied aus.

Wir waren gleich mittendrin in einer Diskussion, in der es um glückliche Fügungen ging. Haben diejenigen, die Erfolg haben, letztendlich einfach nur Schwein gehabt? Gibt es Glück überhaupt? Oder erschafft man es sich? Wenn ja, ist es dann vielleicht nur für wenige Auserwählte bestimmt? Oder ist alles nur leeres Geschwätz, wenn du den absoluten Tiefpunkt erreicht hast und deine Kinder Hunger haben?

Wir spalteten uns in zwei Lager. Zwei von uns redeten, der andere hörte zu und brachte seine Einwände vor. Und wir hörten ihm danach auch zu. Ideale Bedingungen, damit eine lebhafte Diskussion entstehen kann. Und sie war lebhaft.

Es wurde viel gesagt. Das Resümee:

Man wird nicht als Glückspilz geboren, sondern wird dazu. Durch harte Arbeit.

Fakt ist, dass das Leben harte Schläge austeilt. Je mehr du abkriegst, desto besser. Was ist also das Geheimnis? Gib niemals auf. Wenn du siebenmal hinfällst, steh achtmal wieder auf. Und stell dich taub. Hör weder auf ein »Nein« noch auf ein »Nicht«. Lass nicht locker! Alle bedeutenden Männer waren taub: Thomas Edison, Walt Disney, Albert Einstein, Steve Jobs. Sie hörten nicht auf Logik und Regeln, sondern entwickelten ihre eigenen, statt ein rosiges Bild zu zeichnen. Nicht abstrakt, sondern Schritt für Schritt. Wie eine Schwalbe, die ihr Nest baut.

Es gibt jedoch Regeln, die uns weiterbringen, auch wenn wir sie nicht mögen. Es wird einem schon schwindlig, wenn man sie hört: Zehntausend Stunden Arbeit sind nötig, damit du der Beste auf deinem Gebiet wirst. Bei drei Stunden pro Tag entspricht das zehn Jahren. Es ist viel bequemer, deinen Eltern die Schuld zu geben, statt selbst etwas dafür zu tun. Willst du deine Software um eine neue Gewohnheit erweitern? Dann steh früh auf, lies Bücher, mach Sport. Es dauert sechsundsechzig Tage am Stück, bis du sie verinnerlicht hast und sie dir in Fleisch und Blut übergegangen ist. Und das ist schwierig. Meistens geben wir schon am zweiten Tag auf. Geh auch Risiken ein. Wenn du nichts riskierst, bist du erledigt.

Dann bist du tot, und keiner hat es dir gesagt. Du hast ja nichts zu verlieren. Bevor du etwas riskiertest, hat dir ja nichts gefehlt. Wenn du etwas riskierst, gewinnst du möglicherweise etwas dabei. Und selbst wenn es nicht klappt, hast du etwas dabei gewonnen: Du hast nämlich etwas gelernt. Als wir Kinder waren, nannten wir das Ausnahmeregel, um weiterspielen zu können. Hab keine Angst, Fehler zu machen, sondern liebe sie. Sie gehören zu deiner Lebenserfahrung.

Erwachsene Menschen übernehmen letztlich für alles Verantwortung, auch für das, was nicht in ihrer Verantwortung liegt: für die Kapitalverkehrskontrollen, für die Fehler anderer, für jeden Verrückten im entlegensten Winkel der Erde. Das Wort »Ausreden« kennen sie nicht. Wagemut bedeutet, Fehler zu schultern, auch wenn es nicht deine eigenen sind. Das ist eine große Sache. Dann bist du stark und kannst ruhig schlafen.

Wir beendeten unsere Diskussion mit einem Zitat aus Nikos Kazantzakis' Buch *Askese – Rettet Gott!*. Ich danke der Freundin, die mich daran erinnerte: »Unser Körper ist ein Schiff, das übers tiefe blaue Wasser segelt. Was ist unsere Bestimmung? Schiffbruch zu erleiden!«

Alles Gute, Kapitän Michalis!

Morgens in Vouliagmeni

Heute Morgen stand ich ganz früh auf. Rechte Lust hatte ich zwar keine, doch ich hatte mich mir selbst gegenüber verpflichtet, joggen zu gehen. Ich hätte mich ohne Weiteres davor drücken können, denn letztendlich joggte ich ja allein. Aber ich weiß inzwischen, dass ich, wenn ich mich zu Kleinigkeiten verpflichte, auch bereit bin, mich für große Dinge zu verpflichten.

Ich hatte mir vorgenommen, ungefähr acht Kilometer am Strand entlang zu joggen. Aber nach sechs Kilometern überlegte ich aufzuhören. Es würde mich ja keiner sehen. Aber ich lief weiter, weil ich meiner Verpflichtung nachkommen wollte. Zum Schluss lief ich nicht nur die acht Kilometer, sondern noch fünfhundert Meter mehr und fühlte mich richtig gut, weil ich mein Versprechen gehalten hatte.

Auf der Strecke gab es eine Baustelle mit viel Lärm und Abgasen. Das ärgerte mich ein bisschen. Ich hätte schlecht gelaunt weiterlaufen können. *Ging am Strand joggen und bin schließlich erstickt!* Doch ich fokussierte mich weiterhin auf den Strand, die Sonne und die frische Luft. Es wäre schade gewesen, wenn mir hundert

Meter die restlichen siebentausendneunhundert Meter vermiest hätten. Das ließ ich nicht zu. Auf den Fokus kommt es an.

Unterwegs kam mir ein sympathischer Herr Mitte fünfzig im Eiltempo entgegen. Ich wünschte ihm guten Morgen, denn ich weiß inzwischen um die Kraft des Miteinanders. Ich wusste, dass diese Begrüßung meinen Tag retten würde, und so war es auch. Er grüßte mit donnernder Stimme zurück, die wie sein Lächeln von Herzen kam. Ich freute mich sehr darüber.

Während ich joggte, hörte ich mir einen Podcast von *The Economist* an. Beim Joggen informiere ich mich nämlich über das Weltgeschehen. So schlage ich zwei Fliegen mit einer Klappe. Weiterentwicklung hat für mich einen hohen Stellenwert. Es gefällt mir, mein Selbstwertgefühl zu steigern, und ich tue es täglich.

Schließlich kam ich ans Wasser und zuckte zurück: Die Sonne schien, aber das Wasser war kalt, da es tiefster Winter war. Ich blieb stehen und überlegte. Dann gab ich mir einen Ruck und sprang hinein. Ich entschied mich dafür, mich wenige Sekunden lang unwohl, dafür aber den ganzen restlichen Tag besser zu fühlen, denn ich wusste, dass ich da wie neugeboren rauskommen würde. Oft wollen wir Schmerz vermeiden und wählen die einfache Lösung, die aber nicht die richtige ist. Wir gehen nicht gern an unsere Grenzen und haben deshalb nicht das, was wir wollen. Wir tauschen lieber ein Grundstück gegen eine Handvoll Murmeln. Und am Ende sind natürlich die »Bösen« schuld, die uns über den Tisch gezogen haben.

All diese Dinge wusste ich früher nicht. Ich habe sie weder in der Schule noch zu Hause gelernt, sondern erst als Erwachsener durch viel systematische Arbeit. Doch diese Dinge halfen mir dabei, mein Leben zu verändern.

Ich weiß noch, dass ich mich als Kind fast nie gut genug fühlte. Dass andere für mich Entscheidungen trafen, aber nicht ich selbst. Ich weiß noch, dass ich dauernd nörgelte und nach dem Warum fragte, wenn ich mich ungerecht behandelt fühlte. Ich weiß noch, dass ich in meinem Leben sehr oft unglücklich war. In all diesen Jahren litt ich sehr, war mir dessen aber nicht bewusst, weil der Schmerz und ich eins geworden waren. Doch schließlich fand ich meinen eigenen Weg, und das veränderte mein ganzes Leben. Ich befinde mich nicht ständig im Paradies. Manche Dinge gelingen mir nicht. Aber auch wenn ich hinfalle, sage ich mir »Gut gemacht« und rapple mich wieder auf. Und ich lerne aus meinen Fehlern, und wenn ich abends in den Spiegel schaue, sehe ich einen Freund, keinen Feind. Der Volksmund sagt, dass in jedem Problem ein Geschenk steckt. Die meisten Menschen werfen das Geschenk weg, ohne es zu öffnen. Doch ich habe gelernt, die Geschenke, die mir das Leben macht, zu öffnen, und genau das war entscheidend. Man sagt:

Wünsch dir nicht weniger Probleme.
Wünsch dir mehr Fähigkeiten.

Und das stimmt.

Die magische Brille

Ich habe sie dieses Jahr gekauft. Ich hatte keine andere Wahl, denn die alte war kaputtgegangen. Ich wollte wieder dasselbe Modell, aber das hatten sie nicht mehr im Sortiment. Bei Sonnenbrillen bin ich konservativ. Trotzdem ließ der Optiker mich ein neues Modell ausprobieren. Polarized, wie er sagte. »Sie ist magisch«, sagte er mit einem Lächeln. Ich setzte sie auf, und wir gingen zum Test nach draußen. Tatsächlich konnte ich Dinge erkennen, die ich vorher nicht gesehen hatte.

Heute war ich am Flughafen, um meine Töchter abzuholen, die ein langes Wochenende hinter sich hatten. Ich bin gern früh da, um Menschen zu beobachten. Es war Sonntagabend, und es hielten sich viele Menschen in der Ankunftshalle auf. Manche Leute in Businesskleidung warteten auf ihre Kunden und hielten DIN-A4-Schilder hoch, auf denen Vor- und Nachnamen aufgedruckt oder mit dickem Marker geschrieben standen. Vor mir standen zwei gleich gekleidete Mädchen. Anfangs hielt ich sie für Zwillinge. Strohblond, wie meine Töchter. Sie turnten vorn an der Absperrstange herum, halb schaukelnd, halb balancierend. Sie spielten, aber hin und wieder trat die eine der anderen »versehentlich« auf den Fuß. Dann stritten sie sich kurz und spielten wieder weiter. Etwas entfernter warteten zwei gut gelaunte Männer, jeder mit einer Blume in der Hand, auf jemanden.

Aus der Ankunftshalle kamen Menschen aus aller Herren Länder, als hätte sich die Arche Noah geleert. Schwarze, Weiße, Griechen, Ausländer, Junge, Alte. Manche allein, manche zu zweit. Manche unbekümmert, manche beobachtend, die einen lächelnd, die anderen mit gerunzelter Stirn. Irgendwann kam ein komischer Typ heraus, der wie der Griesgram-Schlumpf aussah. Ein anderer kam durch die automatische Tür heraus und ging gleich wieder zurück. Ich sah, dass der Sicherheitsbeamte nervös war. Er brachte den Mann wieder zurück und erklärte ihm in mittelmäßigem Englisch die Grundregeln. Es dauerte ein paar Sekunden, bis der arme Sicherheitsbeamte sich wieder beruhigt hatte. Kurz darauf kam die Mutter der »Zwillinge« heraus, und die beiden stürmten wie zwei Verrückte auf sie los. Sie ging auf die Knie, und alle drei verschmolzen miteinander. Der Dame neben mir entfuhr ein gerührtes »Oooh«. Wir sahen uns an und lächelten. Danach kam das Pärchen, auf das die beiden Männer mit den Rosen gewartet hatten. Bei der Begrüßungsszene waren sogar zwei Personen mehr dabei: Die beiden ersten hatten die Rosen an originelle, kitschige, herzförmige Pappkartons in den Farben der griechischen Flagge geheftet und überreichten diese ihren Freunden, die daraufhin in Gelächter ausbrachen. Der dritte hielt ein DIN-A4-Schild mit dem Namen des Pärchens hoch, und der vierte filmte das Ganze. Innerhalb von Sekunden lagen sich alle sechs in den Armen.

Dann war ich an der Reihe. Meine Töchter kamen mit riesigen Papierfliegern heraus, die größer als sie selbst waren, und wir fielen uns in die Arme. Nun waren wir drei es, die eins wurden. Die drei Tage, in denen ich sie nicht gesehen hatte, waren mir endlos erschienen. Ich hatte den Eindruck, als wären die Mädchen größer und noch hübscher geworden. Die Umarmung wollte nicht enden. Schließlich wand sich meine Jüngere heraus und sagte: »Papa, hoch!« Übersetzung: »Nimm mich auf deine Schultern.« »Kommt nicht in Frage«, entgegnete ich augenzwinkernd und hievte sie hoch. Sie packte meine Ohren, als wären es Zügel, und wir trabten los.

Ich bin wirklich froh, dass ich diese magische Brille doch gekauft habe.

Es haben sich mir tatsächlich
Dinge offenbart, die ich früher
nicht gesehen habe.

Es ist eine Polarized-Brille –
falls jemand Interesse hat.

Ihr seid zu zweit

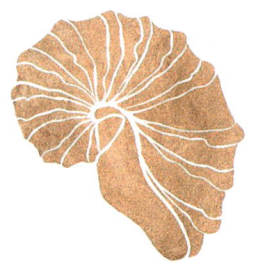

Du bist zwei, nicht einer. Ich brauchte Jahre, um das zu verstehen. Und als ich es verstanden hatte, veränderte sich mein ganzes Leben.

Diese kurze Geschichte bin ich mir schuldig, hatte sie aber aus irgendeinem Grund immer wieder verschoben.

Ich habe eine Freundin namens Christina, die mich dankenswerterweise an die Geschichte erinnert hat. Neulich rief sie mich an. Wir führen immer tiefe Gespräche: über uns, über unsere Kinder, über das Leben.

»Weißt du, warum ich anrufe?«, fragt sie.

»Nein, warum?«

»Ich bin so glücklich. *Richtig* glücklich. Ich rufe an, um dir das zu sagen, weil du mich verstehen wirst. Endlich habe ich gelernt, meinem Selbst etwas zu geben. Jeden Morgen gehe ich mit ihm spazieren, so wie ich es ihm versprochen habe. Eine halbe Stunde, ganz früh am Morgen. Ich lade meine Batterien auf, und sie halten den ganzen Tag. Und noch etwas: Ich habe mit meinem Selbst vereinbart, einmal die Woche an einen schönen Strand zu gehen. Dort sitze ich und mache meinen Kopf leer, eine Stunde lang. Ich betrachte das Blau und lasse es in mich einsinken. Ich kann dir nicht erklären, wie glücklich ich bin, dass ich mich um mein Selbst – mich selbst – kümmere. Und mein Selbst freut sich auch. Meine Beziehung zu mir hat sich enorm verbessert. Nach langer Zeit geht es mir mit meinem Selbst gut. Ich sehe es im Spiegel und lache ihm zu. Auch die Beziehung zu meinem Mann und meinem Kind hat sich verbessert. Ich sag dir, ich bin so glücklich!«

Ich höre ihr immer noch zu und strahle dabei übers ganze Gesicht. Ich versuche, leiser zu atmen, um ja nichts zu verpassen.

Dein Leben ist deine Beziehung zu deinem Selbst. Meistens ist es die Beziehung, die du am meisten vernachlässigst.

»Ich werde mir weiterhin jeden Tag ein Geschenk machen. Mir ist bewusst geworden, wie wertvoll ich bin. Je öfter ich meinem Selbst etwas gebe, desto mehr bekomme ich von ihm zurück.«

Wäre jemand in der Leitung gewesen, hätte er meinen können, wir seien angesäuselt.

In dir gibt es ein anderes Selbst. Ich habe Jahre gebraucht, um das zu kapieren. Man hat es mir zwar gesagt, aber ich habe es nicht geglaubt. Es murrt nicht, wenn etwas nicht wie gewünscht läuft, aber du wirst an allem etwas auszusetzen haben. Wenn es ihm gut geht, wird es dir nichts sagen, aber du wirst alle Menschen lieben. Als wärst du beschwipst, aber ohne den Alkohol.

In deinem Innern seid ihr zu zweit.

Wir kümmern uns nicht um unser Selbst. Wir beschimpfen es. Wir geben ihm keine Anerkennung. Manchmal verabscheuen wir es. Angenommen, du hast eine Liebespartnerin. Was wäre das für eine Beziehung, wenn du von morgens bis abends an ihr herumnörgelst? Sie hätte dich schon lange zurück zu deiner Mama geschickt. Das tut auch dein Selbst, aber es hat keine Möglichkeit, dich zurückzuschicken! Ihr seid untrennbar miteinander verbunden, wie siamesische Zwillinge. Du quälst dein armes Selbst, und es hat keine Möglichkeit, es dir zu sagen. Es ist traurig und wird depressiv. Und dann gehst du mit ihm zum Psychiater, der dir Pillen verschreiben soll. Da wird es krank. Du gehst mit ihm zum Arzt, der dir Medikamente geben soll. Und dann, Gott bewahre!, bekommt es Krebs. Du bringst es zur Chemotherapie. Und dein armes Selbst will keinen Arzt. Es will nur eines, und zwar von dir.

Liebe nennt man es.

Sprich freundlich mit ihm. Lächle ihm zu. Ernähre es gut. Lass es sich acht Stunden ausruhen. Kaufe ihm Bücher. Geh mit ihm spazieren. Laufe mit ihm. Treibe Sport mit ihm. Setz dich mit ihm zusammen. Höre ihm zu. Es hat dir so viel zu sagen, und es ist so traurig, wenn du dich jedes Mal, wenn es etwas sagen will, abwendest und dich ins Fernsehen, in die sozialen Medien, in die Musik, ins Getöse flüchtest.

Liebe dein Selbst, als wäre es dein Kind.

Umarme es und halte es fest. Weine mit ihm. Vielleicht braucht es das. Das ist keine Schande, sondern deine Rettung.

Kapiere es endlich, dann verändert sich dein Leben.

Sorry, ich meinte euer Leben …

Der Anruf

Ich hatte schon lange nichts mehr von ihr gehört und freute mich, als ich ihren Namen auf dem Telefondisplay sah.

»Hey, wie geht es dir?«, fragte ich.

»Mir geht es gut«, antwortete sie. »Aber du bist ein Glückspilz, bei dir läuft es ja besser denn je.«

Wenn mich eine Sache ärgert, dann, dass Menschen an den Zufall glauben.

»Ich bin kein Glückspilz«, erwiderte ich, »ich tue was dafür, damit es gut läuft. Ich habe viel Arbeit hineingesteckt.«

»Na schön, aber hey, du hast einen Glücksstern. Den hattest du schon immer.«

Wir redeten noch eine Weile und legten dann auf.

Ich blieb mit meinen Gedanken allein.

Ich habe ihr nicht gesagt, dass ich jeden Morgen um fünf Uhr aufstehe, um mein Leben zu gestalten.

Ich habe ihr nicht gesagt, dass ich jeden Morgen vor Sonnenaufgang eine halbe Stunde jogge und danach direkt schwimmen gehe, selbst im tiefsten Winter.

Ich habe ihr nicht gesagt, dass ich jede Woche ein Buch lese.

Ich habe ihr nicht gesagt, dass ich mir jeden Tag inspirierende Vorträge im Internet anhöre.

Ich habe ihr nicht gesagt, dass ich seit 2001 nicht mehr fernsehe.

Ich habe ihr nicht gesagt, an wie vielen Wochenenden ich meine Kinder nicht gesehen habe, weil ich auf Seminaren war.

Ich habe ihr nicht gesagt, wie oft ich im Ausland war und aus meiner eigenen Tasche dafür bezahlt habe, die besten Motivationsredner zu hören.

Ich habe ihr nicht gesagt, dass ich schon viele Jahre in Gruppentherapie bin, um mich und meine Gefühle kennenzulernen.

Ich habe ihr nicht gesagt, wie viele Vorträge für Lehrpersonen ich organisiert habe und dass ich dafür ganz Griechenland abgeklappert habe, um meinen Traum wahr werden zu lassen.

Ich habe ihr nicht gesagt, wie sehr ich auf meine Ernährung achte, um immer fit zu sein.

Ich habe ihr nicht gesagt, wie viele Wunderjournale ich in all den Jahren vollgeschrieben habe.

Ich habe ihr nicht gesagt, wie viele Gespräche ich mit Bekannten und Unbekannten geführt habe, um das zu lernen, was ich heute weiß.

Ich habe ihr nicht gesagt, wie viel Zeit ich damit verbringe, über meine Ziele nachzudenken.

Ich habe ihr nicht gesagt, wie viele Tage und Nächte ich mit Atemübungen und Meditationen zugebracht habe.

Ich habe ihr nicht gesagt, wie viele Millionen Affirmationen ich vor dem Spiegel gesagt habe, auch wenn mir schon die Augen zufielen.

Ich habe ihr nicht gesagt, dass ich all das weiterhin tun werde, solange ich lebe.

Es gibt noch vieles, was ich ihr nicht gesagt habe.

Vielleicht aus dem Grund, weil es nur für mich von Bedeutung ist. Es spielt keine Rolle, was dein Traum ist. Wichtig ist nur, welchen Preis du bereit bist zu zahlen, damit er wahr wird. Wenn du jemandem irgendwann einmal erklären willst, wie du es zum Erfolg geschafft hast und wie leidenschaftlich du daran weiterarbeiten willst, dann erzähl ihm nicht, was du gemacht hast, um so weit zu kommen.

Sag ihm nur, dass dir das Glück
nicht in den Schoß gefallen ist,
sondern dass du etwas
dafür getan hast.

Nimm's leicht

Er ist schon seit Jahren mein Zahnarzt, und so traf es sich, dass unsere Kinder in dieselbe Schule gingen. Eines Tages war ich mit dem Auto unterwegs und sah, dass er angerufen hatte. Also rief ich ihn zurück. Seine Assistentin stellte mich durch.

»Hallo, Stefanos. Ich habe gehört, dass Robin Sharma nächste Woche in London sein wird, deshalb habe ich angerufen.«

Robin Sharma ist mein Lieblingsautor, und Nikos weiß, wie begeistert ich von ihm bin. Er erinnert mich an den griechischen Torschützenkönig Thomas Mavros, an das letzte Sammelbild, das mir aus dem Album von der Fußball-Europameisterschaft 1982 übrig geblieben ist. Immer wenn ich es betrachte, will mein Herz fast zerspringen.

»Echt jetzt, Nikos?« Mir lief förmlich das Wasser im Mund zusammen.

Dann richtete ich seiner Tochter Glückwünsche zum Geburtstag aus.

Er versprach mir, eine E-Mail mit genaueren Angaben zu schicken, und ich sagte ihm im Gegenzug meine Notizen vom letzten Seminar zu.

Gut gelaunt beendeten wir unser Gespräch mit der Zusage, mal gemeinsam spazieren zu gehen.

Verkehrsstaus sind für mich das Höchste. Ich genieße es, Zeit für mich zu haben, Anrufe zu erledigen und mit meiner Arbeit voranzukommen.

Gleich danach rief ich also Eleni an, meine liebe Trauzeugin. Ich nehme sie gern auf den Arm, weil sie immer sofort »anbeißt«.

Zuerst verstand sie mich nicht: »Wer ist dran?«

»Der Autor«, sagte ich, und wir brachen in Gelächter aus.

Wir unterhielten uns und frotzelten herum.

»Stefanos, manche Leute sind gerade am Arbeiten, weißt du?«, sagte sie am Ende des Gesprächs und fing erneut an zu lachen.

Wir vereinbarten ein Treffen für folgenden Samstag.

Nach dem Gespräch hörte ich mir am Handy noch einmal meinen Lieblingsspeaker an. Bei diesem Typen hebe ich buchstäblich ab. Etwas später »landete« ich in Athen-Pangrati. Ich musste dort auf der Bank, die an der Hauptstraße liegt, ein paar Dokumente unterschreiben. So parkte ich an einer Stelle, wo ich niemanden behinderte, mein Auto aber noch im Blick hatte, holte mir im Laden nebenan ein eisgekühltes Wasser und betrat die Bank.

Ich fand die zuständige Dame. Sie war hilfsbereit, flink und freundlich. Ich nahm Platz, gab ihr meinen Ausweis und unterschrieb.

»Erledigt«, sagte sie. Es hatte keine zwei Minuten gedauert.

»Schon fertig?«, fragte ich.

»Ja«, sagte sie lächelnd.

Bereits vor Jahren habe ich mich dafür entschieden, mir das Leben einfach zu machen – aber nicht »einfach« im Sinne von »oberflächlich«. Ich bin wagemutig und riskiere gern etwas, auch bei Wellengang und wenn das Meer tief ist. Das eine schließt das andere nicht aus. Inzwischen bewege ich mich ausgesprochen gern in unbekanntem Gewässer, aber ohne mich dazu zu zwingen. Ich nehme es leicht. Viele Menschen meinen, sie müssten im Leben flussaufwärts paddeln. Früher dachte ich auch so. Ich beschloss, damit aufzuhören, und kläre die Dinge seitdem immer schnell. Und seit ich mir das Leben in der Hinsicht einfach mache, ist es auch einfach.

```
Ich lächle dem Leben zu, und es
lächelt zurück. Ich umarme es,
und es umarmt mich.
Alles ist nur ein Spiegel.
```

Am Ausgang wartete ein gut gelaunter unbekannter Herr in dem Glaskubus am Sicherheitsausgang, dessen Tür offensteht. »Wollen Sie mitkommen?«

»Sehr gern«, sagte ich mit einem Lächeln. »Haben wir beide da Platz?«

»Natürlich«, sagte er lächelnd. Auch er war schlank.

»Neulich«, sagte er, »wollte ich gerade eine Frau durch die Sicherheitsschleuse begleiten, aber sie sagte, ich solle draußen bleiben.«

»Schönen Tag noch«, sagte ich zum Abschied.

»Ebenfalls«, erwiderte er.

Ich setzte mich ins Auto, fuhr aus der Parklücke und ließ noch einmal meinen Lieblingsspeaker laufen.

Und hob wieder ab.

Ganz einfach.

Commitment

Diese Geschichte hatte ich in einem Seminar meines Lehrers Antonis gehört.

Platon und Sokrates wandeln über die antike Agora. Platon fragt Sokrates:

»Mein Lehrer, wie kann ich in meinem Leben das bekommen, was ich haben will?«

Sokrates ignoriert ihn und geht weiter. Platon fragt ihn noch einmal.

Keine Antwort. Irgendwann kommen sie an ein Wasserbecken.

Plötzlich tunkt Sokrates Platons Kopf fest ins Wasser.

Platon ist verdutzt. Er will den Kopf aus dem Wasser heben, aber Sokrates hält ihn immer noch unter Wasser. Kurz darauf taucht Platon nach Luft schnappend wieder auf.

»Mein Lehrer, seid Ihr verrückt geworden? Ich habe Euch gefragt, wie ich im Leben das bekomme, was ich haben will, und Ihr hättet mich beinahe ertränkt.«

»Wenn du das, was du im Leben haben willst, so sehr willst wie einen Atemzug, dann wirst du es bekommen«, antwortet der weise Lehrer.

Dazu braucht es Commitment.

Aus irgendeinem Grund machen wir nur halbe Sachen oder kneifen schon am Anfang. Wir wollen zwar das Ergebnis, möchten uns aber nicht dafür anstrengen. Wir schauen uns einen Film an und bekommen Gänsehaut: Weil wir dort Menschen auf der Leinwand sehen, die es geschafft haben. Die für ihren Traum alles gegeben haben. Die auch das soundsovielte Nein ignoriert haben. Für die ihre Vision sogar wichtiger war als ihr Leben. Aber wir wollen alles auf einmal haben. Wir wollen zwar ein Omelett, aber keine Eier dafür aufschlagen. Die folgende Geschichte ist wahr. Steve Jobs, der Gründer von Apple, ist achtzehn und auf der Suche nach Arbeit. Er geht zu Atari, einem Unternehmen, das damals auf dem Zenit seines Ruhms steht, und sagt zu dem Mann am Empfang, er wolle den Firmenchef sprechen.

»Haben Sie einen Termin?«

»Nein«, antwortet Jobs.

»Dann können Sie ihn nicht sprechen«, sagt der Mann freundlich.

»Wenn ich ihn nicht sprechen kann, gehe ich hier auf keinen Fall weg. Da müssen Sie mich schon rauswerfen«, gibt Jobs mit seinem typischen Augenfunkeln zurück.

Kurz darauf ruft der Rezeptionist die Sekretärin des Chefs an.

»Hier ist ein Verrückter, der unbedingt den Chef sprechen will. Er scheint ein schlauer Kopf zu sein. Frag den Chef doch mal, ob er fünf Minuten Zeit für ihn hat.« Kurze Zeit später unterhält sich der Chef mit Jobs und stellt ihn natürlich ein. Jobs ist an jenem Tag bei Atari, um einen Job zu bekommen. Er ist fest dazu entschlossen. Er hat keinen Plan B. Das nennt man Commitment. Entweder ganz oder gar nicht.

Wenn jemand zu dir sagt »Ich werde es versuchen«, »hoffentlich«, »Ich würde gern« und anderes Blabla, dann kauf ihm das nicht ab. Er wird es nicht tun. Wenn jemand sagt »Ich werde die Welt auf den Kopf stellen«, »Bei meinem Erfolg geht es um Leben oder Tod«, dann wird er es tun. Von nichts kommt nichts. Deine Seele muss jeden Tag für deinen Traum brennen. Und natürlich musst du dafür den Hintern hochkriegen.

Dann bekommst du, was du haben willst.

Das haben auch meine Töchter verstanden. Als ich ihnen die Story von Steve Jobs erzählt hatte und ihnen die Frage stellte: »Wisst ihr, was Commitment bedeutet?«, antwortete meine Jüngere:

»Ich habe es verstanden, Papa.«

»Dann sag's mir.«

»Versprich deinem Selbst, dass du es nie im Stich lassen wirst.«

Gut gemacht, mein Schatz!

Unrecht haben

Ich werde immer Unrecht haben, wirklich immer.

Ich, du, wir alle.

Das klingt zunächst seltsam.

Doch wenn man es von der anderen Seite her betrachtet, nennt man es Entwicklung.

Früher dachten wir, die Erde sei eine Scheibe. Ist sie aber nicht.

Später hieß es, sie bewege sich nicht. Und sie bewegt sich doch.

Du glaubst heute etwas und bist dir dessen wahrscheinlich sogar sicher – manchmal sogar absolut sicher. Aber du weißt heute nicht, was du morgen wissen wirst. Du weißt nicht, was du morgen lernen wirst und was dir morgen zustoßen wird. Heute weißt du noch nicht, dass du nichts weißt. Das Morgen ist jedoch dein Freund. Es wird dir Wissen, Erfahrung und Aufklärung bringen. Es wird dein bisheriges Wissen über den Haufen werfen. Heute wirst du öfter recht haben als gestern, aber weniger als morgen, und ganz sicher weniger als übermorgen. Ist es schlimm, unrecht zu haben?

Dir zu sagen, dass du unrecht hast, ist das größte Geschenk, das Menschen dir jemals machen werden. Deshalb schau sie nicht missbilligend an, sondern hör auf sie. Schaff Platz in deinem Verstand, damit ihre Ideen hineinpassen. Mag sein, dass sie letztendlich nicht zu deinen Ideen passen, aber das steht auf einem anderen Blatt. Lass Raum für Neues. Es wird dich erleuchten, es wird dich wärmen. Es wird dich weiterbringen. Es wird dich frei machen.

Ich habe eine Freundin. Als ihre Schwester heiratete, wäre meine Freundin beinahe ausgeflippt, denn sie war fest davon überzeugt, dass der Bräutigam nichts taugte. Wir anderen sahen alle, dass er ein außergewöhnlicher, hingebungsvoller Mensch war, der seine Frau glücklich machen würde. Und das tat er später auch. Es dauerte Jahre, bis meine Freundin das begriff. Anfangs passte es ihr nicht in den Kram, denn sie wollte gern recht behalten, so wie wir alle das wollen. Doch dann freute sie sich, mehr als alle anderen.

Ich habe auch einen Freund. Dauernd jammert er: über Griechenland, über seine Umstände, über seine Arbeit – über alles! Früher schlug ich ihm Lösungen vor. Sie lagen direkt vor seiner Nase, und ich wunderte mich, wieso er sie nicht sah. Dann wurde es mir klar: Er wollte keine Lösungen, sondern lieber recht haben. Sein Problem war sein Spielzeug. Er lud mich ein mitzuspielen, aber nicht, um das Problem zu lösen.

Immer und um jeden Preis recht haben zu wollen, gibt dir anfangs ein gutes Gefühl. Wie ein Dopingmittel. Aber dann bezahlst du teuer dafür. Wie beim Monopoly. Zuerst nimmst du eine Hypothek auf dein Glück auf, dann auf die ganze Farbgruppe und am Ende auf dein Leben.

Uns Kindern wurde beigebracht, recht zu haben, Argumente vorzubringen. Unser Recht zu verteidigen. Stark zu sein. Uns wurde beigebracht, dass es eine Schwäche ist, im Unrecht zu sein. Als wäre man passiv. Niemand hat uns beigebracht zuzuhören. Niemand hat uns beigebracht, dass derjenige stark ist, der seine Meinung revidiert, dazulernt und sich weiterentwickelt. Eines Tages fragte mein Lehrer Antonis uns:

»Wollt ihr recht haben oder glücklich sein?«

Wähle mit Bedacht.

Nur Liebe

Geh früh schlafen. Dein Tag beginnt schon am Vorabend. Bevor du zu Bett gehst, sollte dein nächster Tag schon organisiert sein – schriftlich. Überlass ihn nicht dem Zufall. Aus Tagen werden Monate und aus Monaten Jahre. Du lebst nur einmal. Würdige den Tag.

Besorge dir ein Notizbuch, in das du deine Ziele gewissenhaft einträgst. Formuliere deine Ziele immer wieder neu. Sie sind dein Lebenskompass.

Überhaupt sollst du schreiben. Das tut dir gut. Es erleichtert deine Seele.

Steh früh auf. Ganz früh. Wenn dein Verstand dir einredet, du solltest ausschlafen, hör nicht auf ihn. Lerne, nicht mit deinem Verstand zu verhandeln. Setz *deine* Absichten durch.

Schau dich im Spiegel an und lächle dir zu. Und sprich nett mit dir. Du bist dein bester Freund.

Geh spazieren oder joggen, egal wo du wohnst. Mindestens zwanzig Minuten lang. Damit wärmst du deinen Motor auf.

Hör dir beim Spazierengehen etwas an: inspirierende Vorträge, inspirierende Menschen. So schlägst du zwei Fliegen mit einer Klappe. Lächle den Menschen zu, denen du begegnest. Grüße sie, auch

wenn sie dich nicht grüßen. Sie werden ihre Gründe haben.
Betrachte die Schönheit, die dich umgibt. Sie ist überall.
Mach ein leckeres Frühstück. Nicht nur für dich.
Nimm ein Bad und genieße es. Lass deine Gedanken draußen.
Zieh dich schön an.

> Kümmere dich um dich, als wärst
> du der wichtigste Mensch auf
> der Welt. Das bist du nämlich.
> Es hat dir nur keiner gesagt.

Finde eine Viertelstunde, um etwas zu lesen. Jeden Tag. Schränke
deinen Social-Media-Konsum ein. Lass den Fernseher ausgeschal-
tet. Du lügst, wenn du behauptest, du hättest keine Zeit. Du wirst
die Zeit haben. Niemand schenkt dir Zeit, und niemand schenkt
dir das Leben.
Geh mit Schwung zur Arbeit, auch wenn du sie nicht magst. Wenn es
sein muss, such dir eine andere. Solange du in der Arbeit bist, achte
sie. So achtest du auch dich selbst. Leiste für das Gehalt, das man dir
bezahlt, zehnmal so viel, auch wenn es niedrig ist. Du tust es für dich.
Arbeite im Team. Und lebe gemeinsam mit anderen. Anders geht
es nicht.

Plane ein zweites Frühstück ein, zum Beispiel eine Banane oder einen Apfel. Mach dir nichts vor, es ist ganz leicht.

Umgib dich mit den Besten. Denen, die dir etwas voraushaben. Etwas, das du haben willst. Hab keine Angst vor ihnen. Sei nicht neidisch auf sie. Sie werden dich weiterbringen. Du wirst so wie die Menschen, mit denen du dich umgibst. Leg hohe Maßstäbe an. Freu dich mit anderen. Trinke reichlich Wasser.

Nimm tiefe Atemzüge, damit sich dein Bauch wölbt – auch wenn es nicht »schick« aussieht.

Sieh weniger fern. Pro Tag eine Stunde weniger bedeutet 360 zusätzliche Stunden im Jahr.

Glaub nicht ans Schicksal. Du erschaffst dir dein Glück selbst. Wenn du das kapiert hast, wird sich dein ganzes Leben verändern.

Lebe dein Leben. Wenn du lachst, dann lache. Wenn du weinst, dann weine; wenn du Schmerz empfindest, dann empfinde Schmerz. Du bist nicht aus Porzellan. Du wirst nicht daran zerbrechen. Porzellan gehört in die Vitrine.

Verbring Zeit mit deinem Selbst. Hab keine Angst vor ihm. Das ist nicht Einsamkeit. Es ist schlimm, wenn du nicht mit dir allein sein kannst und ständig irgendein Gerät eingeschaltet sein muss. Als hättest du einen Gast und lässt ihn allein.

Alle Lösungen liegen in dir, in deinem Verstand und deinem Herzen. Wenn du den Lärm leiser stellst und das Getöse abschaltest, werden sie sich zeigen. Gott ist in dir, sagt man. Das ist damit gemeint.

Benutze sowohl deinen Verstand als auch dein Herz. Es liegt an dir herauszufinden, wann du das eine und wann das andere brauchst. Wie ein guter Koch, der weiß, wann er Salz hinzufügen muss und wann Pfeffer.

Geh mit deinem Selbst aus. Geh mit ihm ins Kino oder irgendwohin, wo es euch gefällt. Es soll spüren, dass du es liebst und wertschätzt. Das weiß es nämlich nicht. Dein Leben ist die Beziehung mit deinem Selbst, mit dir selbst.

Kümmere dich nicht um die Meinung anderer. Hör sie dir an, aber hör zuerst auf deine eigene.

Schließ die Augen und träume.

Geize nicht mit guten Taten. Hilf den Menschen in deiner Umgebung, vor allem denen, die du nicht kennst. Deine Familie hört nicht bei deinen Kindern auf. Zu deiner Familie gehören alle Menschen. Nur so wirst du dein Glück finden. Anders geht es nicht.

Halte die schönen Momente im Leben in einem Tagebuch fest. Jeden Tag gibt es mindestens hundert davon. Schreib sie auf. Wenn du sie nicht aufschreibst, gehen sie verloren. Mein Lehrer nennt das Wunder. Dass du laufen kannst, ist eines davon. Schreib es auf. Geh nicht darüber hinweg.

Vermeide Tratsch. Kümmere dich um deine Angelegenheiten. Du hast nur über dich selbst Kontrolle.

Geh in dich. Stell Fragen. Lies Bücher. Glaub nicht alles, was du denkst.

Entwickle dich täglich weiter, bis zu deinem letzten Tag.

Liebe deinen Nächsten. Aber liebe zuerst dich selbst. Du hast nur dich. Mach dir nichts vor: Du kommst allein auf diese Welt und verlässt sie allein. Ohne deine Kinder. Ohne dein Auto. Ohne dein Geld.

Nur die Liebe hat Platz in deinem Gepäck. Die, die du bekommen hast, und die, die du gegeben hast.

Es gibt nur Liebe.

Deshalb bist du hier.

Nichtstun macht glücklich!

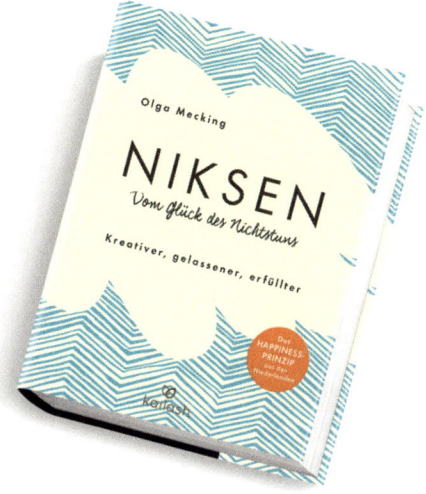

250 Seiten. ISBN 978-3-424-63210-1

Einfach mal auf der Couch sitzen, aus dem Fenster gucken und die Gedanken frei fliegen lassen – klingt langweilig? Nicht für unser Gehirn: denn Niksen, die holländische Kunst des Nichtstuns, entspannt und macht Studien zufolge kreativ und gesund. Während wir faulenzen, beschenkt uns unser Gehirn mit kreativen Einfällen, sortiert Erinnerungen und verarbeitet ungestört Gedanken und Emotionen. Ein frisches und entspanntes Plädoyer mit 50 kreativen Ideen zum »Nachniksen«.

kailash

Überall, wo es Bücher gibt, und unter www.kailash-verlag.de

Der Selbst-Entwickler
für die Liebe

224 Seiten. ISBN 978-3-424-63212-5

Uns alle eint die Sehnsucht nach Eins-Sein, wie es uns das Gehirn im Rausch der Verliebtheit vorgaukelt. Doch die Verantwortung für Lebensfreude und Verbundenheit lässt sich nicht an einen Partner delegieren. Liebe ist eine Frage der inneren Haltung, sagen die beiden Autoren und zeigen, wie man diese bewusste, erwachsene Form der Liebe lebendig macht: Indem wir uns von hinderlichen Denk- und Verhaltensmustern lösen, können wir uns auf ein gelingendes Miteinander ausrichten. Dann kann wahre Verbundenheit wachsen.